je mange avec la nature

Colombe Plante

Couverture

Evelyn Butt

Logo

Paul Rolland

Équipe de révision

Nancy Coulombe Doucet, Colombe Plante,
Jean- François Gariépy, François Doucet

c 1994 Colombe Plante
Tous droits réservés
Dépôt légal: Premier trimestre 1994
Bibliothèque Nationale du Québec
Bibliothèque Nationale du Canada
ISBN 2-9803875-1-7
Première édition
Publié par:
Les Éditions L'Art de s'Apprivoiser
C.P. Jacques-Cartier
B.P. 21060
Longueuil, Qc.
J4J 5J4

IMPRIMÉ AU CANADA

Pour offrir à Evelyne
mon amie sincère

Un merci tout spécial à mon
amie Julie Snyder pour la
confiance dont elle me témoigne
pour son alimentation.

Murielle Gagnon Barr

PRÉFACE 9

INTRODUCTION 11

PREMIÈRE PARTIE: POUR UNE TRANSITION VERS UNE SAINE ALIMENTATION

À l'écoute de mon corps et de ses besoins 15
Carnivore ou herbivore 17
Mon garde-manger naturel 20
Les fruits et les légumes 23
Les céréales 27
Les légumineuses 29
Le tofu et le seitan 32
Les noix et les graines 33
Les produits laitiers et les gras 34
    Lait d'amandes 34
    Lait de sésames ou de tournesols 35
    Beurre digestible 35
    Beurre de carottes 36
    Beurre d'avocat 36
    Lécithine liquide et huile 37
Quelques recommandations de dernière minute 38

DEUXIÈME PARTIE: MES RECETTES POUR BIEN SE NOURRIR

MES DÉJEUNERS
    Compote pommes et poires 43
    Mon petit caprice 44
    Petit déjeuner éclair 45
    Salade de fruits et fromage cottage ou yogourt 46
    Déjeuner soleil 47
    Trempette à la mangue pour les fruits 48
    Crème de poires 49
    Coup de pouce 50
    Crème énergétique 51
    Fraîcheur matinale 52
    Pouding au tapioca et aux fraises 53

Galettes de sarrasin 54
Crêpes de maïs 55
Pain doré 56
Muffins aux pommes 57
Muffins aux dattes 58
Muffins son et raisins 59

MES SALADES
Salade jardinière 63
Salade de carottes 64
Salade de chou 65
Salade à l'endive 66
Salade fraîche d'automne 67
Salade verte au tournesol 68
Salade taboulé 69
Salade de pommes de terre et de maïs 70
Salade de betteraves 71
Salade de macaroni 72
Salade de millet 73
Salade de blé 74
Salade chinoise 75
Salade de fèves rouges 76
Salade de pois chiches 77

MES SAUCES À SALADE
Vinaigrette "Passe-partout" 81
Sauce à l'huile 82
Vinaigrette santé 83
Sauce au tahini 84
Vinaigrette César 85
Sauce à l'avocat 86
Mayonnaise maison 87

MES REPAS DU MIDI
Carottes à l'ail 91
Graines de tournesol ou de citrouille grillées 92
Plat d'épinards et de fromage cottage 93
Boulettes d'aubergine 94

Sauce à spaghetti 95
Pizza jardinière 97
Fèves de lima 98
Croquettes de lentilles 99
Végé-burger... 100
Casserole de lentilles 102
Pâté chinois aux lentilles 103
Végé-pâté 105
Cretons 106
Humus 107
Pain aux pacanes 108
Tartinage de soya 109
Tartinage de tofu 110
Trempette de tofu et de fenouil............................ 111
Grillade de tofu au gingembre 112
Tofu au gratin 113
Tofu braisé 114
Pâté chinois au tofu 115
Pâté aux légumes et au tofu............................... 116
Seitan aux légumes 118
Ragoût de seitan du temps des fêtes 119

MES REPAS DU SOIR
Croquettes de panais et de carottes 123
Sauce brune aux noix....................................... 124
Tartinage d'avocat 125
Pommes de terre en purée 126
Ratatouille... 127
Fricassée de légumes 128
Délicieux pot-au-feu 129
Polenta 130
Taboulé aux légumes 131
Pizza de riz 132
Spaghetti de sarrasin....................................... 133
Macaroni chinois 134
Spirales ou coquilles jardinières 135
Mon pâté santé 136
Tourtière de millet 138
Millet délicieux 140

D'AUTRES REPAS LÉGERS
Soupe aux betteraves 143
Crème veloutée aux légumes 144
Crème de céleri 145
Crème de brocoli 146
Crème de poireaux 147
Soupe minestrone 148
Soupe aux pois cassés et aux légumes 150
Soupe à l'orge 151

MES DESSERTS
Crème tofu aux fraises 157
Croustade framboises et pommes 158
Biscuits secs aux noix 159
Bonbons aux noix 160
Bouchées croquantes au caroube 161
Bouchées croustillantes aux céréales 162
Barres granola 163
Carrés au miel et aux pacanes 164
Fudge au caroube et au miel 165
Pouding au riz 166
Pâte à tarte à l'huile 167
Tarte spéciale aux pommes 168
Délicieuse tarte aux fruits 169
Croûte de tarte croustillante 170
Gâteau au caroube 171

MES DESSERTS SANS SUCRE
Crème de bleuets ou de framboises 175
Purée de framboises 176
Carrés aux dattes 177
Fudge au caroube (sans sucre) 178
Purée de fruits (pommes et ananas) 179
Tarte aux poires 180
Tarte aux bananes-amandes 181
Tarte aux raisins 182
Gâteau de fête Monic 183
Muffins aux ananas et aux noix 184
Muffins aux bleuets 185

JE SUIS CE QUE JE MANGE. Cette conviction m'habite et me motive chaque jour à m'alimenter sainement. L'équilibre dans mon corps est le fruit d'années de recherches et d'expérimentations en cuisine. Aujourd'hui, il me fait plaisir de partager avec vous mes merveilleuses découvertes.

JE MANGE AVEC LA NATURE. La Terre produit en abondance tous les aliments pour maintenir mon corps en santé et en harmonie. Les végétaux, remplis de vie, me procurent l'énergie à profusion pour demeurer dynamisée toute la journée. C'est pourquoi je savoure pleinement les cadeaux de la nature dans chacune de mes recettes.

JE PARTAGE MON AMOUR POUR LA NOURRITURE.
Ma famille, réticente au départ à mes changements en matière d'alimentation, a constaté les merveilleuses améliorations de ma santé. Adélard ainsi que mes enfants, Josée et Stéphane, ont doucement développé leur goût pour une nourriture saine et m'ont par la suite encouragée à poursuivre mes démarches en éducation alimentaire. Je les remercie, de même que Vanessa, ma petite-fille, qui est devenue ma "complice" dans la cuisine...

JE COMMUNIQUE MA JOIE DE VIVRE EN SANTÉ.

Mes cours de cuisine sont imprégnés d'une foi sans réserve en la nature humaine à se guérir de tous ses maux. Ceux qui ont cru en moi, m'ont motivée à publier en toute simplicité mes choix et mes recettes. Mes précieux amis, François Doucet, Nancy Coulombe Doucet, Jean-François Gariépy, Diane LeBlanc et Serge Bélair, Jacinthe Fernet, m'ont grandement aidée dans la réalisation de ce livre. Pour l'amour qu'ils me témoignent, je tiens à leur dire encore une fois merci. Un merci spécial à Paul Rolland pour son logo.

J'ENTRE DANS VOTRE CUISINE. Je souhaite de tout coeur vous inciter à opter définitivement pour une nourriture saine et régénératrice en vous confiant les secrets de mon alimentation quotidienne.

Bon appétit!

"La nourriture, c'est la vie."

Mon livre de recettes s'inspire largement des cours que je donne depuis 8 ans en éducation alimentaire et en cuisine végétarienne. Il se veut un outil fort simple pour une transition progressive, agréable et respectueuse du cheminement de chacun vers une saine alimentation.

J'affirme que la santé obéit à une loi d'épanouissement intérieur qui régit toutes les sphères de notre vie. Si je prends soin de mon corps, de mes pensées et de mes émotions, mon métabolisme manifeste sa satisfaction en me procurant santé, bonheur et joie de vivre.

Le choix de mes aliments est empreint de cette conviction profonde. Toutes mes suggestions pratiques invitent à savourer pleinement le moment présent tout autant que la nourriture que je choisis.

Dans la première partie, j'explique les principaux aliments d'un régime végétarien et les règles qui déterminent l'équilibre nutritif de mes repas. Puis, dans la deuxième partie, je dévoile les excellentes recettes à la base de mon programme alimentaire journalier, soit mes déjeuners énergétiques, mes salades fraîcheurs, mes dîners protéinés, mes soupers céréaliers, mes repas légers, en terminant par de délicieux desserts-santé.

Cuisiner chaque jour renouvelle sans cesse mon plaisir et ma joie d'être consciente de consommer des aliments vivants et vivifiants. Je fournis à mon corps la meilleure nutrition possible: il est mon véhicule pour me permettre de me réaliser au travers ma vie. Il le mérite vraiment. Bien sûr cela m'a demandé un effort au début, comme tout changement. Cependant, tant de nouvelles saveurs inattendues m'ont séduites. J'ai pris goût à observer les règles du végétarisme qui sont devenues à mes yeux aussi simples qu'un jeu d'enfant. Ma qualité de vie aujourd'hui témoigne du succès de mon alimentation. Je souhaite pour cette raison vous transmettre mon amour pour la nourriture que la Nature nous propose en abondance.

Pour une agréable transition vers une
alimentation saine

"Prendre soin de mon corps, c'est accueillir mon propre médecin intérieur."

Pendant mes nombreuses années d'études auprès de différentes écoles (macrobiotique, naturisme, méthode Kousmine, combinaisons alimentaires, etc), j'ai expérimenté divers types d'alimentation naturelle à la recherche de l'équilibre alimentaire parfait pour me redonner la santé que j'avais perdue.

Alliant les connaissances à la pratique, j'ai tiré les leçons de vie appropriées pour m'alimenter sainement et c'est ce que j'ai voulu transmettre en développant une méthode d'enseignement pertinente qui tienne compte de mes habitudes sociales, de mes activités physiques, des changements de saison, mais surtout de la nécessité de préserver la saveur agréable et connue des aliments.

Aujourd'hui je ne mange plus de viande depuis 15 ans et je m'en porte très bien. Cependant, je prends la précaution de balancer adéquatement mes menus quotidiens.

Si j'ai persévéré dans cette voie, c'est que j'ai respecté mon propre rythme, sans m'imposer de changements catégoriques, en accueillant sereinement certaines inquiétudes qui se sont graduellement envolées. Il en va de même pour tout être humain: il importe de demeurer à l'écoute de son corps et de ses besoins en tout temps!

Quelques règles m'ont permis d'habituer mon organisme au changement et de rendre la transformation plus harmonieuse.

Les voici:

1) Je mange en quantité suffisante... je m'arrête lorsque j'en ai assez.

2) Je mastique bien chaque bouchée: un aliment bien mastiqué et bien insalivé est à moitié digéré.

3) Je ne bois pas en mangeant. J'étanche ma soif par petites gorgées dans les 30 minutes précédant ou suivant un repas avec de l'eau distillée ou des tisanes.

4) Je consomme abondamment des légumes crus ou des fruits frais en début de repas car cela facilite la digestion en plus de neutraliser la somnolence liée à l'assimilation des aliments cuits.

5) Je favorise l'utilisation d'aliments congelés plutôt qu'en conserve et j'élimine toute nourriture contenant des produits chimiques et/ou des agents de conservation.

6) Une nourriture saine, le grand air et les exercices alimentent aussi bien mon corps que mes pensées positives, la musique et les moments de détente que je m'accorde peuvent le faire.

L'alimentation, l'épanouissement personnel et la santé forment un tout indissociable. Le choix d'une nourriture vivante, naturelle et régénératrice témoigne donc de ma volonté à m'approprier les plus beaux cadeaux que la vie puisse offrir:

Santé, Bonheur, Joie de Vivre et Amour.

"Les vaches qui ruminent paisiblement dans les prés semblent ne jamais se laisser atteindre par le stress de la vie."

Une diète basée sur les grains, les légumes et les fèves peut nourrir jusqu'à 20 fois plus de personnes qu'une diète à base de viandes animales. Aux États-Unis, la moitié des terres est exploitée pour nourrir les animaux destinés à l'abattage. Si l'utilisation de ces sols fertiles était consacrée à la production de cultures végétales, nous pourrions nourrir facilement plusieurs millions de personnes... À l'échelle mondiale, la même décision enrayerait possiblement la faim dans le monde en quelques années seulement. De quoi nous faire réfléchir sur nos choix et le contenu de nos assiettes.

En réalité, la viande a une teneur plus faible en protéines que le fromage, les lentilles ou les fèves de soya... Quant aux besoins nutritifs de mon corps, une alimentation saine, variée et bien équilibrée me permet de vivre facilement sans consommer de viande; ainsi j'instaure à nouveau une bienfaisante harmonie avec cette merveilleuse végétation que Dieu a créée. Et tout mon système vital voit du reste son efficacité augmenter par une facilité beaucoup plus grande à se libérer des toxines emmagasinées. Peu importait mon âge et mes anciennes habitudes de vie, j'ai vu ma santé revenir en intégrant doucement l'alimentation végétarienne dans ma vie.

Conséquence merveilleuse et formidable, j'ai bénéficié d'un épanouissement à tous les plans car ma qualité de vie s'est améliorée en même temps que ma santé. Pour cela, je prends plaisir à répandre dans mes cours mon goût de plus en plus grand de communier avec cette Nature abondante et bienfaisante, parce qu'ensemble nous pouvons contribuer à l'amélioration de toute la vie sur la Planète. En refusant d'acheter des produits contenants des agents de conservation, des colorants, des additifs chimiques ou encore des hormones, nous faisons déjà un grand pas dans ce sens.

Voici une petite anecdote lue dans un magazine il y a longtemps et qui m'a fait réfléchir: "Croyez-vous ressembler plus à un tigre ou à une vache, physiologiquement parlant? "

Carnivore ou Herbivore

CARNIVORE (Tigre)	HERBIVORE (Vache)	OMNIVORE (Humain)
a des griffes	pas de griffes	pas de griffes
pas de pores de la peau; transpire par la langue	transpire par les pores de la peau	transpire par les pores de la peau
dents tranchantes pour déchirer; pas de molaires aplaties pour broyer	pas de dents tranchantes à l'avant; molaires à l'arrière	pas de dents tranchantes à l'avant; molaires à l'arrière
fort acide hydrochlorique dans l'estomac pour digérer la viande	acide stomacal 20 fois moins fort que celui des carnivores	acide stomacal 20 fois moins fort que celui des carnivores
intestin mesurant 3 fois la longueur du corps pour permettre à la viande qui se putréfie rapidement de s'évacuer sans délai	intestin mesurant 10-12 fois la longueur du corps	intestin mesurant 12 fois la longueur du corps
		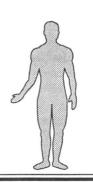

En cohérence avec ma physiologie, j'opte donc définitivement pour un régime végétarien. Je caractérise celui-ci par l'emploi de végétaux entiers non traités, c'est-à-dire des céréales, des légumineuses, des noix, de même que des fruits et des légumes frais, crus ou cuits selon la saison. Au besoin, j'ajoute des oeufs et des produits laitiers pour certaines recettes, dans la mesure où ils sont bien tolérés et proviennent de source naturelle.

Mon garde-manger naturel ne contient donc que des aliments qui ont subi un minimum de traitement, sans additifs ni agents de conservation. Je veille régulièrement à une rotation des ingrédients pour une fraîcheur assurée.

"Produits disponibles dans tous les bons magasins d'aliments naturels!"

L'eau distillée (en bouteille ou par un distillateur domestique)

Le lait de soya (ou boisson au soya)

Les huiles de première pression à froid en particulier:

les huiles de carthame, d'olive, de tournesol et de soya.

Les beurres de noix:

beurre d'arachides, d'amandes, de tournesols ou d'acajous, tous sans sel ajouté.

Mes ingrédients de base:

sauce tamari (remplace la sauce soya)
tahini (beurre de sésames)
levure alimentaire
les algues (Kombu, Hiziki, Agar-agar, etc)
cubes de soya
concentré de légumes en pâte
concentré de légumes en poudre (saveur boeuf ou poulet)
miso (pâte d'orge fermentée)
vinaigre de cidre

Mes assaisonnements préférés:

sel de mer, le sel "Seloplante" (pour la table et les salades), le sel "Herbamare" (pour les plats cuisinés), le poivre de cayenne (remplace le poivre noir, irritant pour l'estomac), l'ail, l'oignon émincé et les fines herbes (basilic, origan, sarriette, thym...).

Les sucres naturels en remplacement du sucre blanc:

> les fruits frais en jus et séchés, le "Sucanat", le miel, la poudre de malt, le sirop de riz ou d'orge, le beurre de pomme, le sucre brut, le sucre "Demerara", le sucre "Turbinado" et le sirop d'érable.

Pour épaissir les sauces en remplacement de la fécule de maïs:

> la farine de marante, la fécule de tapioca, la farine de blé mou.

Les farines en remplacement de la farine blanche, beaucoup trop raffinée:

> la farine de maïs, la farine de sarrasin, la farine de riz, la farine de blé mou pour la pâtisserie, et la farine de blé dur pour le pain.

Les céréales sont une excellente source d'énergie:

> le millet, le boulghour, le sarrasin, l'orge, l'avoine, le riz brun et le riz basmati, le maïs, le blé et le seigle.

Les noix:

> les amandes, les noisettes, les noix du Brésil, les pacanes, les noix d'acajou, de pin, de grenoble, de coco, et les arachides (des légumineuses qui se mangent comme des noix).

Les graines:

> de sésame, de lin, de tournesol et de citrouille.

Les légumineuses:

les fèves rouges, noires, de soya, de lima, adzukis, mung, pinto, les pois chiches, les pois à soupe, et les lentilles brunes, rouges et vertes.

Les pâtes alimentaires:

de blé entier, de soya, de sarrasin, de riz, de maïs, aux épinards et aux légumes.

Les protéines végétales:

le tofu et le seitan.

La caroube: (un substitut de chocolat)

en poudre, en capuchons, sucrés ou non.

Les fruits séchés:

les dattes, les raisins, les figues, les ananas, les abricots, les papayes et les pommes.

Les pains:

il existe dans les magasins de produits naturels une grande variété de pains de bonne qualité. Par exemple, blé entier, germination, levain, galettes Azim, pains Pita...

"Un régime à base de fruits et de légumes frais, du soleil dans mon assiette et une vitalité assurée."

Je commence toujours ma journée en buvant tranquillement un grand verre d'eau distillée pour m'assurer de bien éliminer les toxines de la veille. Ensuite, mes "exercices matinaux" réveillent toutes les parties de mon corps et me mettent en forme. L'heure du petit déjeuner correspond à un moment privilégié pour reminéraliser mon métabolisme par des fruits riches en vitamines (A, B1, B2, B6, C), en pectine, en fructose, en fibres et en eau. Facilement assimilables, l'été et l'automne nous offrent une grande variété et plusieurs possibilités de combinaisons exquises à découvrir. En voici quelques-unes:

Les fruits acides (citrus): ananas, pamplemousses, oranges, citrons, limettes, kiwis, fraises, pommes vertes...

Les fruits semi-acides: raisins, prunes, pêches, poires, pommes rouges ou jaunes, bleuets, framboises...

Les fruits doux: bananes, dattes, figues, raisins secs, pruneaux...

Les melons (se mangent seuls ou entre eux): cantaloups, pastèques, melons miel...

La tolérance aux fruits et à leur jus est personnelle à chacun. À moi de trouver ceux qui me conviennent le mieux et d'ajuster mes habitudes alimentaires en conséquence.

Le matin, tout en diversifiant le choix des fruits à l'intérieur d'une même catégorie, j'aime déguster un jus à l'extracteur. Voici quelques exemples parmi mes jus préférés:

orange-kiwi	raisins-pomme-céleri
ananas	melons variés
pomme verte-céleri	poire-pomme-pêche
pamplemousse	
pomme-poire	
poire-raisins-pêche	
pomme-raisins	

23

Les fruits sont aussi délicieux en salade ou dans une trempette. Avec des graines ou des noix, ils constituent un déjeuner énergique et nutritif ou une collation nourrissante. Dégustés en début de repas, ils facilitent l'absorption des aliments et évitent l'indisposition due à la fermentation.

Quant aux légumes, ils représentent 70% de ma consommation quotidienne aux repas du midi et du soir. Ils renferment de très grandes valeurs nutritives contenues dans un pourcentage élevé d'eau vivante apte à fournir aux cellules humaines une richesse de sels minéraux et de vitamines.

Je les consomme préférablement crus en début de repas (pour les mêmes raisons que les fruits) en jus, salades ou crudités assortis. Les variétés sont nombreuses:

Les légumes féculents: carottes, navets, panais, pommes de terre, maïs, citrouilles, courges Butternut...

Les légumes verts: laitues, choux, épinards, poivrons, céleris, concombres, brocolis, zucchinis, champignons, radis, aubergines, choux de Bruxelles, haricots, pois mange-tout, betteraves...

La préparation des légumes présente un éventail considérable de possibilités: en soupes, salades, pour accompagner des pâtes, des céréales ou des légumineuses. Savoureux chauds ou froids, la cuisson la moins prolongée préserve tant leur goût que leur valeur vitaminique.

En jus à l'extracteur, les légumes frais énergisent mon corps et s'assimilent très rapidement sans entraver la digestion de la nourriture qui suit.

Au contraire, les jus stimulent et favorisent ma régénération métabolique si je les consomme immédiatement (sinon, pour les préserver de l'oxydation, j'ajoute de la vitamine C ou du jus de citron frais). Voici d'ailleurs quelques suggestions fort agréables au goût:

carotte-betterave
carotte-céleri-persil
zucchini-concombre-luzerne
chou-carotte
brocoli-céleri-piment
carotte-céleri-épinard

1) Pour toutes mes recettes, les fruits et les légumes sont préalablement lavés à l'eau claire, brossés soigneusement ou, au besoin, trempés 15 à 30 minutes dans une eau savonneuse. Le savon utilisé est doux, biodégradable et se trouve dans tous les bons magasins d'aliments naturels. Il n'altère pas le goût des aliments lorsqu'ils sont bien essuyés à l'aide d'un papier absorbant ou d'un linge sec.

2) Si possible, en saison, je choisis des fruits et des légumes de culture biologique (sans pesticides, ni radiations...).

3) Je favorise la cuisson des légumes à la vapeur: dans un chaudron couvert, je dépose les légumes et très peu d'eau; je porte à ébullition et diminue le feu pour laisser mijoter seulement le temps nécessaire afin qu'ils demeurent croquants. Je préserve ainsi le plus possible les valeurs nutritives.

4) Pour sauter les légumes dans un poêlon, je peux chauffer un peu d'huile à feu moyen et les faire revenir. Je préfère souvent déposer les légumes dans un poêlon anti-adhésif, cuire quelques instants à feu moyen et n'ajouter que de l'eau avec les assaisonnements.

5) J'ébouillante les fruits secs pour les laver avant de les consommer et je les fais souvent tremper 3 à 4 heures à l'avance ou toute une nuit pour les déconcentrer en sucre.

Lorsque mon corps est affaibli par un rhume ou tout autre dérangement, je limite ma diète à des fruits et des légumes frais, possiblement crus, en jus ou cuits légèrement. Ainsi, je permets à mon organisme de travailler adéquatement à éliminer les virus indésirables sans altérer ma vitalité par des produits plus lents à digérer.

"La moisson est abondante, j'en récolte les bienfaits."

Les céréales, avec les légumes, les fruits, les noix et les légumineuses forment la base de l'alimentation végétarienne. Les céréales se dégustent aussi bien entières que germées et se marient très bien avec les légumineuses. Voici celles que j'utilise le plus dans mes recettes:

Le blé: cultivé au Québec, j'apprécie la diversité de ses dérivés. Il s'emploie sous forme de farine à pain, à pâtisserie, de blé entier (dans les salades, au déjeuner), concassé, en semoule, boulghour, couscous ou en flocons. Je lui trouve d'autres utilisations sous forme de poudre de malt (comme édulcorant), de son de blé (riche en fibres), de germe de blé (comme chapelure) ou de gluten de blé (qui sert à la fabrication du seitan).

L'avoine est préférablement consommée sous forme de flocons: je m'en sers dans mes recettes de biscuits, crêpes, croquettes granola et gruau.

Le maïs: se déguste soufflé, en épi, au déjeuner ou dans différents plats de résistance. Ses dérivés sont la farine, la fécule, l'huile et la semoule.

Le millet: alcalin et facilement digestible, le millet remplace facilement le blé dans la majorité des recettes de soupes, tourtières, desserts ou comme céréales du matin.

L'orge mondé: au goût croquant, même après la cuisson, il se savoure dans la soupe, les plats au four, les croquettes, le pain, etc. N.B. : **l'orge perlé est à éviter** car il a subi plusieurs polissages qui détruisent la presque totalité de ses éléments nutritifs.

Le riz: diverses variétés de riz (long, court, sauvage, basmati, etc.) sont à la base de toutes sortes de plats cuisinés allant des soupes, aux desserts, en passant par les salades, le pain et les croustilles.

Le sarrasin: pour confectionner mes fameuses galettes au goût succulent et nutritif. Je suggère souvent de combiner cette farine avec le blé ou le maïs dans une foule d'autres recettes (muffins, pains, pâtes alimentaires).

Le seigle: je l'utilise surtout pour la confection de pains, ou de biscuits. C'est une céréale très énergétique et nourrissante, en particulier certains matins d'hiver.

Pour toutes les céréales, j'observe les directives suivantes: je les dépose dans l'eau bouillante car cela les empêche d'être collantes; je les laisse mijoter à découvert en remuant le moins possible.

Je rôtis à sec certaines céréales entières afin d'augmenter leur saveur et de les rendre moins collantes.

TEMPS DE CUISSON DES CÉRÉALES COMPLÈTES

CÉRÉALES (1 tasse)	EAU (tasses)	CUISSON
Avoine	4	2 h
Blé dur	3-4	2 h
Blé mou	3-4	2 h
Blé concassé	3	1 h
Boulghour	1 1/2-2	Tremper 30 min (dans l'eau bouillante)
Flocons d'avoine	2	20 min
Flocons de blé, de soya et de seigle	3	1 h (tremper avant)
Millet	1-2	20 min
Maïs en épi	Recouvrir d'eau	5 min
Orge mondé	3	1 h 1/2
Riz brun	2	40-45 min
Sarrasin entier	1 1/2	15-20 min
Seigle	3	1 h 1/2
Semoule de maïs	4	25 min

"Goûter à des aliments sains, même s'ils sont peu connus, est un merveilleux cadeau à faire à son corps."

Pour apprendre à apprivoiser et à apprécier les légumineuses, il suffit de les introduire graduellement et en petite quantité. Il existe un choix abondant de légumineuses offrant une excellente source de protéines végétales, très adéquates, l'hiver en particulier, pour énergiser mon métabolisme. Elle sont cependant mal connues et peu utilisées par l'ensemble de la population. C'est pourquoi j'ai développé des recettes simples, faciles à réaliser, agréables au goût et aussi très économiques.

Voici la liste des légumineuses que j'utilise:

Les fèves séchées:

Adzukis: rouges rayées blanches, recommandées pour les reins.
Blanche: fèves au four, riches en fer et en vitamines.
Lima: alcalines, riches en vitamines, en calcium, en potassium et en fer.
Mung: vertes, germées, à ajouter aux salades, sandwichs, chop suey.
Rognon: forme et couleur du rein, pour les croquettes et les pâtés.
Soya: elles se transforment de plusieurs façons: noix de soya, huile de soya, lait de soya, soya concassé, tamari, tofu, lécithine de soya, miso, farine de soya, tempeh, beurre de soya. Pas de cholestérol, très riches en vitamines, en fer, en calcium et en potassium.

Les lentilles:

Brunes, rouges ou vertes, elles ne nécessitent pas de trempage, sont riches en fer et en vitamines. Je les consomme germées, en salade, en soupe ou en croquettes.

Les pois secs:

Pois chiches: riches en sels minéraux, magnésium, fer, calcium et potassium. Utiliser surtout en purée à tartiner.
Pois jaunes: pour les soupes aux pois ou en purée.
Pois verts cassés: dans diverses soupes ou en purée.

Pour les légumineuses, j'observe un tableau de trempage très rigoureux qui facilite la cuisson. Une fois les légumineuses égouttées, l'eau de trempage (non comestible) fait le régal de mes plantes. Je porte ensuite à ébullition avec une bonne quantité d'eau et maintiens un feu moyen, couvert, jusqu'à complète absorption. Au besoin, j'ajoute de l'eau jusqu'à ce que les légumineuses soient tendres.

TEMPS DE TREMPAGE / CUISSON DES LÉGUMINEUSES

TREMPAGE	1 TASSE	EAU (tasses)	CUISSON	DONNE (tasses)
8 h	fèves adzukis	3	1 h 1/2	2
8 h	fèves mung	3	1 h 1/2	2
8 h	fèves blanches	3	2 h	2
4 h	fèves de lima	2	1 h 1/2	1 1/2
Brisent au trempage*	fèves rouges	3	1 h 1/2	2
24 h	fèves de soya	3	2 h	2
4 h (facultatif)	lentilles vertes	3	1 h	2 1/4
4 h (facultatif)	lentilles brunes	3	30 min	2
10 h	pois chiches	4	2 h	2
10 h	pois jaunes	3 à 4	2 h	2
8 h (facultatif)	pois cassés	3	1 h	2 1/4

*VOICI UNE AUTRE MÉTHODE PLUS RAPIDE: pour toutes les légumineuses, les trier et les laver. Porter à ébullition dans la quantité d'eau indiquée précédemment et laisser bouillir 5 minutes. Fermer le feu, couvrir et laisser tremper de 2 à 3 heures. Après ce temps, jeter l'eau de trempage et ajouter la même quantité d'eau pure et fraîche. Cuire de nouveau 45 à 60 minutes à feu modéré, à demi-couvert afin d'éviter le débordement.

N.B. : En jetant l'eau de trempage, j'élimine divers éléments qui favorisent les gaz intestinaux. Les algues Kombu ajoutées à l'eau de cuisson permettent aussi de diminuer les flatulences.

L'hiver et le printemps sont les périodes où j'apprécie le plus les légumineuses. Alors que les étalages des marchés d'alimentation offrent une moins grande variété de fruits et de légumes frais, les légumineuses m'offrent une alternative succulente et nutritive. Je peux même ressusciter leur énergie vitale par un procédé de germination qui accentue leur goût et leurs valeurs nutritives.

C'est un cadeau que je me fais lors de rudes journées froides.

"Mon organisme peut prendre facilement 6 mois avant d'intégrer parfaitement un changement dans mon alimentation. Je m'accorde donc persévérance et tolérance."

Mes viandes végétales, le tofu et le seitan, remplacent agréablement la chair animale, à condition de savoir les apprêter: ils prennent le goût des aliments et des assaisonnements avec lesquels ils mijotent. Excellentes sources de protéines, le tofu et le seitan, combinés aux autres aliments naturels, occupent une place de choix dans la construction de l'organisme, sa croissance et ses fonctions vitales.

Le seitan est un concentré de protéines préparé à partir du gluten de blé. On le fabrique avec la farine de blé dur. De consistance ferme et élastique, il s'emploie dans différents plats dont je raffole: les ragoûts, les brochettes, les escalopes, etc. Je peux le préparer moi-même, mais il se vend aussi en cubes pré-cuits, en emballage sous-vide. Une variété de plats cuisinés requièrt que je le passe au robot culinaire juste avant de le consommer. Ainsi, sauce à spaghetti, tourtière et pâté chinois se réalisent rapidement puisque je me contente de réchauffer le seitan avec les légumes cuits.

Le seitan se conserve quelques jours seulement au réfrigérateur mais peut aussi être congelé.

Le tofu, quant à lui, est connu depuis des millénaires en Orient. Conçu à partir d'un procédé de fermentation de la fève de soya, sa texture spongieuse, sa couleur blanchâtre et son goût neutre lui confère l'appellation de "fromage végétal".

Nourrissant et économique, le tofu est excellent pour la santé. Au congélateur, il prendra une teinte brunâtre qui disparaîtra en dégelant mais sa texture deviendra granuleuse. Au réfrigérateur, une fois ouvert, je le recouvre d'eau fraîche que je change régulièrement aux deux jours pour une période maximum d'une semaine.

Je consomme modérément les noix et les graines car ce sont des fruits très riches en huile et en protéines. Voici celles que l'on retrouve couramment sur le marché:

Les noix:
l'amande (alcaline et reminéralisante), la noix d'acajou, la n o i x du Brésil, la noix de coco, la noix de Grenoble et la n o i s e t t e (sauvage) ou aveline (cultivée).

Les graines:
graine de citrouille ou autres courges (riche en vitamines et vermifuge), graine de lin (laxative), graine de sésame (riche en calcium), graine de tournesol (protéines de belle qualité, contenant beaucoup de minéraux et de la lécithine).

J'achète préférablement mes noix dans leurs écales pour les préserver intactes le plus longtemps possible, sinon je les achète crues et sans sel ajouté. Même chose pour les graines, au besoin je les trempe quelques heures (de 4 à 6 heures) afin de les rendre plus digestibles.

En collation ou pour rehausser la saveur d'un plat (exemple: ma salade chinoise), je rôtis les noix et les graines à sec et je les assaisonne avec quelques gouttes de sauce tamari. Suite à ce procédé, elles ne se conservent toutefois que 2 ou 3 jours sans que leur goût ne soit altéré!

**"Un lait d'amandes au déjeuner
énergise et ensoleille ma journée."**

Dans la mesure du possible, je n'emploie que très peu de produits laitiers, d'oeufs ou de gras saturés. Au besoin, comme liant, je préfère opter pour des laits végétaux ou des huiles de première pression à froid.

À l'occasion, certaines recettes peuvent être rehaussées par du yogourt ou des fromages écrémés, si mon organisme tolère de tels produits. Je cuisine néanmoins d'excellents substituts au lait de vache ainsi qu'au beurre ordinaire. Voici quelques alternatives remplaçants très bien le lait de soya et la margarine de canola (faible en gras saturés) utilisés dans la majorité de mes recettes:

MON LAIT D'AMANDES
(1 portion)

Ingrédients...

12	amandes crues
250 ml	(1 t.) d'eau

Préparation...   (10 min)

-Faire tremper les amandes dans l'eau bouillante 5 minutes pour
    en détacher l'enveloppe brunâtre; égoutter.
-Au mélangeur, déposer dans 1 tasse d'eau fraîche et fouetter.
-Couler au tamis juste avant de boire.
-Se conserve 24 heures au réfrigérateur.

Pour agrémenter la saveur, ajouter une banane, des dattes, de la noix de coco ou de l'essence de vanille.

MON LAIT DE SÉSAMES OU DE TOURNESOLS
(1 portion)

Ingrédients...

65	ml	(1/4 t.) de graines de sésame ou de tournesol crues
250	ml	(1 t.) d'eau

Préparation...   (10 min)

-Au mélangeur, déposer les graines ensemble ou séparément avec 1 tasse d'eau pour chaque 1/4 de tasse de graines. Fouetter.
-Couler au tamis au besoin.

Excellent au petit déjeuner, dans les céréales ou toute autre recette.

BEURRE DIGESTIBLE

Ingrédients...

250	g	(1/2 livre) de beurre non-salé
250	ml	(1 t.) d'huile de carthame
		sel de mer au goût

Préparation...

-Au mélangeur, déposer tous les ingrédients et fouetter à basse vitesse.
-Verser dans un contenant hermétique.
-Réfrigérer avant de servir.

Se tartine très bien.

BEURRE DE CAROTTES

Ingrédients...

3		carottes
85	ml	(1/3 t.) d'eau
125	ml	(1/2 t.) de jus de carottes frais
15	ml	(1 c. à s.) de tahini (beurre de sésame)
		sel de mer et cayenne au goût

Préparation...

-Cuire les carottes à la vapeur ou dans l'eau et laisser refroidir.
-Déposer au mélangeur les carottes et le jus de carottes avec, au besoin, un peu d'eau de cuisson, jusqu'à l'obtention d'une belle purée légère.
-Ajouter les autres ingrédients.
-Réfrigérer avant de servir.

Se conserve au réfrigérateur 3 jours.

BEURRE D'AVOCAT

Ingrédients...

1		avocat
		jus d'un demi-citron
30	ml	(2 c. à s.) d'eau
		sel et cayenne au goût

Préparation...

-Après avoir coupé l'avocat en deux, on peut le tartiner tel quel, ou le passer au mélangeur avec tous les autres ingrédients, jusqu'à l'obtention d'une crème épaisse.

-On peut également ajouter du persil, des échalotes, de la ciboulette, des fines herbes, du basilic, etc... C'est simple et délicieux.

LÉCITHINE LIQUIDE ET HUILE

Ingrédients...

     15 ml   (1 c. à s.) de lécithine liquide
    250 ml   (1 t.) d'huile au choix

Préparation...

-Incorporer la lécithine à l'huile à l'aide d'un mélangeur.
-Conserver à la température de la pièce.
-Bien mélanger avant chaque utilisation.

Cette préparation est grandement appréciée pour plusieurs utilisations:

-Huiler un poêlon lors de la cuisson des légumes, des croquettes.
-Huiler les moules à gâteaux, à muffins et à pain.
-Pétrir le pain ou la pâte à pizza (empêche de coller).

C'est fantastique!

Un merci tout particulier à mon amie Betsy pour ce truc...

"Quand je "mange" mes émotions, mon corps a plus de difficultés à bien assimiler tout surplus d'aliments. Dans les périodes de stress, je me contente souvent de fruits et de légumes frais, légers et nourrissants!"

Voici des petites notions à retenir pour réussir mes recettes et rehausser tant la saveur que la qualité des aliments:

1) La cuisson des légumes: j'amène à ébullition mes légumes coupés dans un minimum d'eau (seulement pour couvrir le fond du chaudron). Je ferme le couvercle presqu'entièrement et je réduis le feu à très doux. J'évite de trop cuire pour ne pas éliminer trop de leur valeur nutritive et de leurs vitamines.

2) La cuisson des céréales: je dépose mes céréales et mes pâtes dans l'eau bouillante et je réduis légèrement le feu pour garder une ébullition constante. Encore une fois, je préfère consommer ma nourriture "al dente" -croquante- question de fraîcheur!

3) La cuisson des légumineuses: j'égoutte mes légumineuses pré-trempées et je les amène à ébullition dans de l'eau fraîche. Je couvre le chaudron presqu'entièrement et je laisse mijoter à feu moyen jusqu'à évaporation complète. J'ajoute de l'eau au besoin pour m'assurer que les légumineuses ne soient pas trop croquantes.

4) La conservation des aliments: je garde tous mes ingrédients secs dans des pots hermétiques. Je rince mes céréales, légumineuses, graines, noix et fruits secs, juste avant de les utiliser dans mes recettes. Mes fruits, mes légumes et mes plats cuisinés se conservent quelques jours au réfrigérateur, mais je jette tout ce qui m'apparaît moins frais, dont la texture ou la couleur semble être altérée.

Je suis à l'écoute de mon corps: si je ne me sens pas attirée par un aliment, je ne m'impose pas de le manger "pour ne pas le perdre"...

5) La chapelure: je grille moi-même mon pain de blé entier que je pulvérise ensuite au mélangeur. Ainsi, j'ai toujours de la chapelure fraîche sous la main quand j'en ai besoin. Elle se conserve très bien au congélateur 3 mois.

6) La levure alimentaire: j'utilise une levure douce comme assaisonnement dans mes soupes, sauces et vinaigrettes. Riche en vitamine B, elle m'apporte un regain d'énergie supplémentaire au besoin. **N.B. : ne pas confondre avec la levure de bière ou la levure à pain.**

7) Les huiles: j'aime ajouter de l'huile première pression à froid vers la fin de la cuisson de mes plats pour préserver leur saveur et leur fraîcheur.

8) Le "mélangeur": j'utilise beaucoup le mélangeur pour réduire mes aliments en purée. Anciennement nommé à l'anglaise "blender", il a été remplacé dans les foyers québécois par des robots culinaires à fonctions multiples, qui, à haute vitesse, exécutent aussi facilement le travail.

9) La coupe des fruits et des légumes: il m'arrive de couper grossièrement, hacher finement, émincer (trancher très mince), ou râper mes fruits et mes légumes selon mon inspiration du moment. Je vous invite à considérer mes recettes de la même façon!

Dans la mesure du possible, je concentre mes repas protéinés en début de journée pour terminer par des céréales ou des légumineuses, qui s'assimilent plus rapidement, afin de laisser reposer mon système digestif pour la nuit.

La classification de mes recettes suit un procédé tout simple: des mets les plus légers (donc faciles à digérer) aux plus consistants (qui combinent plus d'aliments différents). Selon votre appétit, vous trouverez aussi des regroupements autour des produits de base de certains plats: les combinaisons de tofu, de seitan, de légumineuses, les crèmes de fruits, les muffins, etc...

Je souhaite de tout coeur nourrir à la fois votre estomac, votre santé et votre imagination culinaire, car c'est à chacun d'entre nous que revient la responsabilité d'écouter son corps, ses besoins et ses goûts personnels dans la réalisation d'un plat comme dans toutes les autres sphères de sa vie quotidienne!

"Que santé, bonheur et joie règnent dans votre cuisine..."

Mes Déjeuners

Pour commencer ma journée en beauté et
en bien-être, je choisis le déjeuner
approprié à mes besoins

J'opte pour des déjeuners plus légers en
saison chaude et plus consistants en
saison froide

COMPOTE POMMES ET POIRES

INGRÉDIENTS   2 PORTIONS

4	pommes
4	poires
125 ml	(1/2 t.) d'eau ou plus (au besoin)

PRÉPARATION	10 MIN.
CUISSON	15 MIN.

- Peler et couper les pommes et les poires.
- Cuire à feu lent dans une petite casserole avec de l'eau jusqu'à l'obtention d'une purée.
- Bien brasser.

Servir chaud ou froid sur du pain rôti avec du beurre d'arachides, sur des crêpes, du pain doré, des muffins ou des gaufres...

Des gâteries aux fruits frais

INGRÉDIENTS	1 PORTION

1	pomme
1	poire
1/2	banane
12	raisins (couleur au choix)
	beurre d'amandes

PRÉPARATION   **15 MIN.**

- Laver et trancher tous les fruits en lamelles.
- Tartiner chaque morceau de pommes et de poires de beurre d'amandes et disposer sur une grande assiette.
- Recouvrir de tranches de banane et de raisins.

Simple, rapide et nourrissant! Pour un goût un peu plus sucré, j'ajoute des dattes ou des figues.

Un régal pour les becs sucrés

INGRÉDIENTS		1 PORTION

- 2-3   pommes coupées en cubes
- 15 ml   (1 c. à s.) de graines de tournesol (germées c'est excellent)
- 6   noisettes ou 5 ml (1 c. à thé) de beurre d'amandes
- 5 ml   (1 c. à thé) de noix de coco non-sucrée
- 5 ml   (1 c. à thé) de sirop de malt (facultatif)
-       cannelle au goût
-       jus d'un quartier de citron
- 250 ml   (1 t.) de jus de pomme ou d'ananas

PRÉPARATION	15 MIN.

- Déposer tous les ingrédients dans le mélangeur et réduire jusqu'à l'obtention d'une belle crème lisse.

Hum... Encore!

Une légère douceur matinale

INGRÉDIENTS		2 PORTIONS

1		orange pelée
1		kiwi
1		grappe de raisins
1		nectarine ou pêche
1		prune
1		pomme
125	ml	(1/2 t.) de fromage cottage ou de yogourt écrémé

PRÉPARATION	15 MIN.

- Laver puis couper les fruits en petits morceaux.
- Mélanger doucement avec une cuillère.
- Verser dans une assiette et déposer au centre le fromage cottage ou le yogourt écrémé.

Quel délicieux mélange!

Un peu d'exotisme dans ma journée

INGRÉDIENTS	1 PORTION

- 125 ml (1/2 t.) de raisins secs
- 85 ml (1/3 t.) de dattes
- 125 ml (1/2 t.) d'eau
- 65 ml (1/4 t.) de noix de coco non-sucrée
  vanille (au goût)

PRÉPARATION	10 MIN.

- Laisser tremper les raisins et les dattes toute une nuit, puis jeter l'eau de trempage.
- Déposer au mélangeur avec l'eau, la noix de coco et la vanille si désiré, réduire en crème.

Servir sur des pommes râpées. Excellent déjeuner convenant très bien pour l'hiver.

Un vrai rayon de soleil

INGRÉDIENTS		2 PORTIONS

1		mangue bien mûre, pelée
1		banane
15	ml	(1 c. à s.) de beurre d'amandes
2-3		fruits au choix (pommes, poires, prunes, pêches, raisins...)

PRÉPARATION	20 MIN.

- Réduire en crème au mélangeur la mangue, la banane et le beurre d'amandes.
- Couper les fruits en morceaux.
- Disposer les fruits dans une grande assiette autour de la trempette et déguster sans tarder.

Pour becs fins

CRÈME DE POIRES

INGRÉDIENTS — 2 PORTIONS

2-3		poires
2		dattes
15	ml	(1 c. à s.) de noix de coco non-sucrée
15	ml	(1 c. à s.) de graines de tournesol
		une goutte de vanille
		un soupçon de cannelle
15-30	ml	(1 à 2 c. à s.) d'eau au besoin

PRÉPARATION — 10 MIN.

- Laver les poires puis les couper en morceaux.
- Déposer au mélangeur tous les ingrédients et réduire en crème (ajouter un peu d'eau au besoin si le mélange est trop épais).

Un p'tit goût suret très agréable

INGRÉDIENTS	1 PORTION

190 ml   (3/4 t.) de luzerne germée
6   amandes
5 ml   (1 c. à thé) de graines de sésame
2-3   oranges pelées
15-30 ml (1 à 2 c. à s.) d'eau ou de jus d'orange

PRÉPARATION	10 MIN.

- Rincer à l'eau dans une passoire la luzerne, les amandes et les graines.
- Déposer tous les ingrédients dans le mélangeur et réduire jusqu'à l'obtention d'une crème lisse.

N.B. : Ajouter 125 ml (1/2 t.) de jus dans le mélangeur et déguster en breuvage.

Un début de journée énergisant

CRÈME ENERGÉTIQUE

Une excellente source complète d'énergie

15	ml	(1 c. à s.) de céréales (sarrasin, blé ou millet)
6		amandes brunes
5	ml	(1 c. à thé) de graines de lin
5	ml	(1 c. à thé) de graines de sésame
5	ml	(1 c. à thé) de graines de citrouille
5	ml	(1 c. à thé) de graines de tournesol
3-4		fruits séchés (dattes, figues, raisins et/ou abricots...)
30	ml	(2 c. à s.) d'eau
1		banane
15	ml	(1 c. à s.) de noix de coco non-sucrée
		un soupçon de cannelle
		une goutte de vanille
		fruits frais coupés en morceaux (facultatif)

PRÉPARATION   **25 MIN.**

- Rincer à l'eau tous les ingrédients secs dans une passoire.
- Verser dans un petit bol et recouvrir le tout d'eau.
- Laisser tremper toute une nuit.
- Jeter l'eau de trempage au matin puis réduire en crème au mélangeur avec un peu d'eau fraîche.
- Ajouter la banane, la noix de coco, la cannelle et la vanille au mélange.
- Réduire quelques secondes, puis verser dans un bol.
- Décorer au goût avec des fruits frais.

Pour un regain de vitalité

INGRÉDIENTS		1 PORTION

6		amandes
5	ml	(1 c. à thé) de graines de tournesol
5	ml	(1 c. à thé) de graines de citrouille
5	ml	(1 c. à thé) de graines de lin
15	ml	(1 c. à s.) de germe de blé
2		poires
1		kiwi
10		raisins
125	ml	(1/2 t.) de jus de fruits pur (ananas, pommes ou oranges)
5	ml	(1 c. à thé) de levure alimentaire

PRÉPARATION	20 MIN.

- Rincer les ingrédients secs à l'eau dans une passoire.
- Couper les fruits en morceaux.
- Mettre le tout au mélangeur et réduire en crème en ajoutant le jus de fruits et la levure.

N.B. : Les fruits peuvent varier au goût selon les saisons.

Une rivière de saveur...

INGRÉDIENTS — **3 PORTIONS**

750	ml	(3 t.) de fraises fraîches ou congelées
85	ml	(1/3 t.) de miel
30	ml	(2 c. à s.) de tapioca moulu

PRÉPARATION — **5 MIN.**

CUISSON — **10 MIN.**

- Déposer tous les ingrédients dans un chaudron. Amener à ébullition. Diminuer et laisser mijoter quelques minutes.
- Retirer du feu et laisser refroidir jusqu'à épaississement.

Délicieux sur des crêpes, des galettes de sarrasin ou du pain doré.

GALETTES DE SARRASIN

INGRÉDIENTS   3 À 4 PORTIONS

500 ml (2 t.) de farine de sarrasin
585 ml (2 1/3 t.) d'eau
  2 ml (1/2 c. à thé) de soda à pâte
        une pincée de sel de mer

PRÉPARATION   **5 MIN.**

CUISSON   **20 MIN.**

- Déposer tous les ingrédients dans un grand bol.
- Bien mélanger avec une cuillère de bois.
- Étendre une mince couche de mélange dans un poêlon anti-adhésif non huilé et dorer à feu moyen de chaque côté.

Le sarrasin, reconnu pour ses nombreux bienfaits, constitue un déjeuner très nourrissant durant la saison froide. Il se marie merveilleusement bien avec une purée de fruits au choix. Un vrai régal!

Le sarrasin à son meilleur

Un goût très différent à couleur dorée

INGRÉDIENTS — 3 À 4 PORTIONS

250	ml	(1 t.) de farine de maïs
250	ml	(1 t.) de farine de blé mou
5	ml	(1 c. à thé) de sel de mer
375	ml	(1 1/2 t.) d'eau
15	ml	(1 c. à s.) d'huile de tournesol
5	ml	(1 c. à thé) de poudre à pâte
1		oeuf

PRÉPARATION — **15 MIN.**

CUISSON — **20 MIN.**

- Déposer tous les ingrédients dans un bol et battre avec un fouet ou à l'aide d'un batteur électrique.
- Étendre une mince couche du mélange dans un poêlon légèrement huilé et faire dorer de chaque côté.

Servir avec de la compote de pommes ou poires, ou du beurre de pommes, ou de la mélasse, ou du sirop de riz...

PAIN DORÉ

INGRÉDIENTS — 4 PORTIONS

2		oeufs
375	ml	(1 1/2 t.) de lait de soya ou autre lait
65	ml	(1/4 t.) de poudre de malt ou de sucre brut
5	ml	(1 c. à thé) d'essence de vanille
		une pincée de sel de mer
		cannelle si désirée
8		tranches de pain

PRÉPARATION — 15 MIN.

CUISSON — 15 MIN.

- Fouetter tous les ingrédients au mélangeur.
- Verser dans un grand bol puis tremper à peine quelques secondes, chaque tranche de pain des deux côtés.
- Déposer dans un poêlon légèrement huilé et dorer de chaque côté.

Servir avec une bonne purée de fruits sans sucre.

MUFFINS AUX POMMES

INGRÉDIENTS | 8 MUFFINS

500	ml	(2 t.) de pommes pelées et évidées
125	ml	(1/2 t.) d'huile de soya
175	ml	(2/3 t.) de sucre brut (ou plus au goût)
15	ml	(1 c. à s.) de vanille
500	ml	(2 t.) de farine de blé mou
5	ml	(1 c. à thé) de soda à pâte
5	ml	(1 c.à thé) de cannelle
1	ml	(1/4 de c. à thé) de sel de mer

PRÉPARATION — 20 MIN.
CUISSON — 25 MIN.

- Râper les pommes et déposer dans un grand bol.
- Ajouter l'huile, le sucre brut et la vanille puis bien brasser à la fourchette.
- Mélanger à part tous les ingrédients secs, puis incorporer au premier mélange sans trop brasser à la cuillère de bois.
- Verser cette pâte granuleuse dans des moules à muffins huilés.
- Cuire au four à 180ºC (350ºF) environ 25 minutes.

MUFFINS AUX DATTES

Pour déjeuner sur le pouce

INGRÉDIENTS	PARTIE 1	10 MUFFINS

375 ml (1 1/2 t.) de dattes
375 ml (1 1/2 t.) d'eau

PARTIE 2

85 ml (1/3 t.) d'huile de tournesol
585 ml (2 1/3 t.) de farine de blé mou
10 ml (2 c. à thé) de poudre à pâte
2 ml (1/2 c. à thé) de soda à pâte
5 ml (1 c. à thé) de vanille
85 ml (1/3 t.) de noix ou de graines de tournesol

PRÉPARATION	PARTIE 1	5 MIN.
CUISSON		10 MIN.

- Laver les dattes et déposer dans un chaudron avec l'eau.
- Amener à ébullition et laisser mijoter à feu lent quelques minutes en remuant.
- Retirer du feu et laisser refroidir.

PRÉPARATION	PARTIE 2	15 MIN.
CUISSON		25 À 30 MIN.

- Battre l'huile à la fourchette puis incorporer au mélange de dattes en brassant.
- Ajouter les autres ingrédients un à un en brassant pour humecter le tout.
- Verser dans des moules à muffins huilés.
- Cuire à 180ºC (350ºF) de 25 à 30 minutes.

Nourrissants et sucrés sans sucre

MUFFINS SON ET RAISINS

Tous les bienfaits du son

| INGRÉDIENTS | 12 MUFFINS |

85	ml	(1/3 t.) d'huile de soya
125	ml	(1/2 t.) de mélasse
175	ml	(2/3 t.) de raisins secs
250	ml	(1 t.) de lait de soya
335	ml	(1 1/4 t.) de son
690	ml	(2 3/4 t.) de farine de blé mou
2	ml	(1/2 c. à thé) de soda à pâte
10	ml	(2 c. à thé) de poudre à pâte
		pincée de sel de mer

| PRÉPARATION | 10 MIN. |
| CUISSON | 25 MIN. |

- Mélanger l'huile, la mélasse, les raisins secs, le lait de soya et le son.
- Mélanger les ingrédients secs puis y ajouter le premier mélange en brassant à la cuillère de bois.
- Déposer dans des moules huilés et cuire à 180ºC (350ºF) pendant 25 minutes.

Très riche en fibres et favorise l'élimination intestinale.

Mes salades

Mes salades sont toujours très colorées.

Certaines, bien consistantes, détiennent les valeurs nutritives d'un repas complet

Les autres, plus légères, accompagnent merveilleusement bien une variété de menus

Un jardin de rêve dans votre assiette

INGRÉDIENTS	4 PORTIONS

1	piment jaune
1	branche de céleri
	oignon espagnol (au goût)
250 ml	(1 t.) de champignons
1	concombre
6	radis
12	feuilles de laitue romaine

PRÉPARATION	20 MIN.

- Trancher très mince tous les légumes.
- Bien mélanger tous les ingrédients dans un grand bol avec la laitue déchiquetée.

Se sert avec une variété de vinaigrettes ou de sauces à salade.

SALADE DE CAROTTES

Riche en bêta-carotène

INGRÉDIENTS **2 PORTIONS**

1		branche de céleri
2		échalotes
4		carottes
85	ml	(1/3 t.) de raisins secs
65	ml	(1/4 t.) d'huile de tournesol
		jus d'un citron pressé
		sel Herbamare et cayenne

PRÉPARATION **15 MIN.**

- Émincer le céleri et les échalotes; râper les carottes.
- Déposer dans un grand bol avec les autres ingrédients et mélanger le tout.

Un léger nuage de couleur dans l'assiette

Un goût tout à fait... chou!

INGRÉDIENTS	4 PORTIONS

1	petit chou
1	carotte
1	branche de céleri
	échalote ou ciboulette
	persil ou basilic frais
	sel Herbamare et cayenne

PRÉPARATION	10 MIN.

- Râper le chou et les carottes; émincer le céleri et l'échalote.
- Mélanger le tout dans un grand bol et ajouter une bonne mayonnaise naturelle ou de l'huile d'olive et citron.
- Servir immédiatement.

Sert aussi bien de garniture que de mets d'accompagnement.

Quel délice!

Rompez avec les traditions!

INGRÉDIENTS	2 PORTIONS

2	endives
6	feuilles de laitue romaine
1	branche de céleri
1/2	piment rouge
6	olives noires
1	tomate fraîche

PRÉPARATION	15 MIN.

- Déchiqueter les endives et la laitue et couper au goût les autres légumes.
- Mélanger le tout dans un grand bol.
- Arroser d'une sauce à salade au goût.

Les olives noires rehaussent cette salade originale et savoureuse.

Haute en couleurs, riche en saveur

INGRÉDIENTS   4 PORTIONS

1	avocat
1/2	chou vert (petit)
1/2	chou rouge (petit)
1	betterave
2	carottes
1	lit d'épinards (1/2 paquet)

PRÉPARATION   20 MIN.

- Couper l'avocat en cubes et râper les choux, les carottes et la betterave.
- Dans une grande assiette, faire un lit d'épinards puis disposer les cubes d'avocat au centre.
- Étaler les légumes râpés autour en alternant les couleurs pour décorcr.
- Servir avec une sauce à salade.

De délicieux légumes au sommet de leur fraîcheur à l'automne.

SALADE VERTE AU TOURNESOL

Tournez votre assiette vers le soleil!

6 PORTIONS

1		laitue au choix (romaine, boston, en feuilles...)
1		carotte
2		échalotes
250	ml	(1 t.) de chou rouge
250	ml	(1 t.) de champignons
6		radis
		olives noires au goût
30	ml	(2 c. à s.) de levure alimentaire
125	ml	(1/2 t.) de graines de tournesol

PRÉPARATION

20 MIN.

- Déchiqueter la laitue, râper la carotte et hacher tous les autres légumes.
- Mélanger le tout dans un grand bol en ajoutant les graines de tournesol et la levure alimentaire.

Arrosée de *Vinaigrette Passe-partout*, cette salade se savoure également avec de la luzerne ou des fèves germées.

Quel délice!

SALADE TABOULÉ

Une bouffée de fraîcheur

INGRÉDIENTS — 4 PORTIONS

3		tomates
250	ml	(1 t.) de persil
1		oignon espagnol
500	ml	(2 t.) de blé boulghour
500	ml	(2 t.) d'eau
		jus de 2 citrons
65	ml	(1/4 t.) d'huile d'olive
		sel Herbamare et cayenne au goût

PRÉPARATION — **20 MIN.**

CUISSON — **PRÉALABLE** — **40 MIN.**

- Couper les tomates; hacher finement le persil et l'oignon, puis mettre de côté.
- Rincer le blé boulghour à l'eau claire dans une passoire.
- Dans un chaudron, amener l'eau à ébullition, retirer du feu et y verser le blé boulghour.
- Laisser gonfler à découvert 10 minutes en brassant de temps en temps.
- Ajouter les autres ingrédients et bien mélanger.
- On peut réfrigérer un peu avant de servir, pour accentuer le goût.

Pour compléter la protéine et rehausser la saveur, ajouter un peu de noix de pin et/ou de la menthe fraîche.

En entrée, servir un jus de légumes frais à l'extracteur et une trempette de légumes. Le tout fait un repas exquis.

Quel délice!

Un p'tit goût de revenez-y

INGRÉDIENTS		4 PORTIONS

4		grosses pommes de terre
500	ml	(2 t.) d'haricots verts
2		carottes
2		échalotes
1		piment rouge
1		branche de céleri
500	ml	(2 t.) de maïs frais ou congelé (cuit)
30	ml	(2 c. à s) d'huile de carthame
30	ml	(2 c. à s.) de mayonnaise maison
		sel Herbamare, cayenne et basilic au goût

PRÉPARATION	25 MIN.
CUISSON	25 MIN.

- Cuire séparément les pommes de terre et les haricots.
- Laisser refroidir et couper en morceaux.
- Râper les carottes et hacher finement les autres légumes.
- Déposer tous les ingrédients dans un grand bol et bien mélanger.

Déposer délicatement sur une grande feuille de laitue romaine. Joli et délicieux!

Quelle différence!

Y goûter, c'est l'adopter!

INGRÉDIENTS		4 PORTIONS

4		grosses betteraves
500	ml	(2 t.) de coquilles de légumes
2		petits zucchinis
1		piment
1		branche de céleri
		persil
2		échalotes
30	ml	(2 c. à s.) d'huile d'olive
30	ml	(2 c. à s.) de mayonnaise maison
		sel Herbamare et cayenne au goût

PRÉPARATION		15 MIN.
CUISSON	PRÉALABLE	30 MIN.

- Peler et couper les betteraves en cubes, puis les faire cuire 20 minutes. Égoutter et mettre de côté.
- Cuire les coquilles de légumes dans de l'eau bouillante environ 10 minutes et rincer à l'eau froide.
- Hacher grossièrement les légumes.
- Déposer tous les légumes et les assaisonnements dans un grand bol. Bien mélanger.
- En dernier lieu, ajouter les coquilles en brassant légèrement (car elles changeront de couleur).

Savourer avec de la luzerne sur un lit de laitue boston ou en accompagnement avec du tofu braisé.

SALADE DE MACARONI

INGRÉDIENTS — 4 PORTIONS

4		échalotes
1		carotte
1		branche de céleri
1		piment
1 1/2	litre	(6 t.) d'eau
500	ml	(2 t.) de macaroni
85	ml	(1/3 t.) de noix d'acajou
		fines herbes
		sel Herbamare et cayenne
45	ml	(3 c. à s.) de mayonnaise maison
30	ml	(2 c. à s.) de crème sûre (facultatif)

PRÉPARATION — **20 MIN.**

CUISSON — **PRÉALABLE** — **10 MIN.**

- Hacher finement les légumes et mettre de côté.
- Amener l'eau à ébullition et cuire les macaronis au goût.
- Rincer les nouilles avec l'eau froide et égoutter.
- Mélanger dans un grand bol avec tous les autres ingrédients.

Une recette à partager avec des amis, tous les jours comme dans les grandes occasions!

SALADE DE MILLET

INGRÉDIENTS — 4 PORTIONS

500	ml	(2 t.) de millet
1	l	(4 t.) d'eau
500	ml	(2 t.) de maïs frais ou congelé
1		piment rouge
1/2		oignon espagnol
1		carotte
1		branche de céleri
		persil
45	ml	(3 c. à s.) d'huile de carthame
30	ml	(2 c. à s.) de sauce tamari
		cayenne
30	ml	(2 c. à s.) d'eau au besoin

PRÉPARATION — **15 MIN.**

CUISSON — **PRÉALABLE** — **20 MIN.**

- Porter l'eau à ébullition, verser le millet et cuire 20 minutes à découvert.
- Rincer à l'eau froide, égoutter et laisser refroidir.
- Hacher finement les légumes.
- Déposer tous les ingrédients dans un grand bol et mélanger.
- Si c'est trop sec, ajouter un peu d'eau ou de sauce tamari.

Servie sur un lit de haricots cuits jaunes et verts, cette céréale alcaline est reconnue pour sa très grande digestibilité.

Pour refaire le plein d'énergie

INGRÉDIENTS		4 PORTIONS

125	ml	(1/2 t.) de tofu
250	ml	(1 t.) de blé en grain
900	ml	(3 à 4 t.) d'eau
1		oignon
1		piment vert ou rouge
1		branche de céleri
2	ml	(1/2 c. à thé) de moutarde sèche
500	ml	(2 t.) de maïs en grain frais ou congelé
85	ml	(1/3 t.) de mayonnaise maison
		sel Herbamare et cayenne au goût

PRÉPARATION		15 MIN.
CUISSON	PRÉALABLE	2 HRES

- Couper le tofu en cubes et rôtir dans un poêlon. Mettre de côté.
- Cuire le blé à part dans l'eau; rincer, égoutter et laisser refroidir.
- Couper les légumes et déposer dans un grand bol.
- Mélanger le tout, assaisonner et laisser macérer quelques heures.

Un lit d'épinards complète agréablement cette recette.

La salade au goût surprenant

Le goût de l'Orient

INGRÉDIENTS	SALADE	4 PORTIONS

1	piment vert	
1	branche de céleri	
2	échalotes	
250 ml	(1 t.) de champignons	
500 ml	(2 t.) de fèves germées	
500 ml	(2 t.) d'épinards	
500 ml	(2 t.) de riz cuit	
175 ml	(2/3 t.) de noix d'acajou nature	
	persil au goût	

SAUCE

125 ml	(1/2 t.) d'huile de soya
65 ml	(1/4 t.) de sauce tamari
2	gousses d'ail pressées
	cayenne au goût

PRÉPARATION	SALADE	15 MIN.

- Trancher très mince le piment, le céleri, les échalotes et les champignons. Déposer dans un grand bol avec les autres ingrédients.
- Bien mélanger le tout puis ajouter la sauce à salade qui suit:

PRÉPARATION	SAUCE	5 MIN.

- Bien mélanger à part tous ces ingrédients et laisser mariner.
- Cette sauce à salade est meilleure lorsqu'on la prépare quelques heures ou une journée à l'avance. Se conserve 3 semaines au réfrigérateur.

Très nourrissante, cette salade contient tous les éléments d'un repas équilibré et succulent.

SALADE DE FÈVES ROUGES

À la Mexicaine

2 PORTIONS

250	ml	(1 t.) de fèves rouges (rognon)
750	ml	(3 t.) d'eau
4		échalotes
1		piment
1		tomate
1		branche de céleri
1		gousse d'ail pressée
		jus d'un citron (ou plus)
30	ml	(2 c. à s.) d'huile de carthame
		basilic et persil au goût
		sel Herbamare et cayenne

PRÉPARATION   **20 MIN.**

CUISSON   **PRÉALABLE**   **1 HRE 1/2**

- Cuire les fèves rouges dans l'eau, rincer, égoutter et laisser refroidir.
- Couper la tomate en cubes et hacher les autres légumes.
- Déposer dans un grand bol, ajouter les autres ingrédients.
- Mélanger le tout et servir.

Pour varier, choisir une autre légumineuse et compléter avec de la laitue, des noix ou des graines de tournesol.

SALADE DE POIS CHICHES

INGRÉDIENTS   4 PORTIONS

125 ml (1/2 t.) de pois chiches
                          et 500 ml (2 t.) d'eau
125 ml (1/2 t.) de riz brun
                          et 250 ml (1 t.) d'eau
    2   piments de couleur
    2   tomates
    1   zucchini
    2   échalotes
    1   branche de céleri
  30 ml (2 c. à s.) d'huile de carthame
         jus de citron au goût
         sel de mer, cayenne et basilic

PRÉPARATION		15 MIN.
CUISSON	PRÉALABLE	1 HRE 1/2

- Cuire les pois chiches pré-trempés et le riz brun séparément.
- Rincer à l'eau froide.
- Couper les légumes en petits morceaux.
- Mélanger le tout dans un grand bol et assaisonner.

Sur un lit de laitue fraîche, cette salade devient un repas complet et équilibré.

Mes sauces à salade

La fraîcheur d'une vinaigrette rehausse
la saveur d'une salade tout en contribuant
à une alimentation saine et équilibrée

Un p'tit goût piquant

INGRÉDIENTS

285 ML

250	ml	(1 t.) d'huile de carthame ou d'olive
		jus d'un citron
30	ml	(2 c. à s.) de sauce tamari
1	ml	(1/4 de c. à thé) de miel
2		gousses d'ail pressées
		fines herbes et cayenne au goût

PRÉPARATION

10 MIN.

- Bien mélanger tous les ingrédients.
- Se conserve au réfrigérateur durant un mois.

Se marie bien avec toutes les laitues et autres légumes.

Simple comme bonjour

INGRÉDIENTS	285 ML

125	ml	(1/2 t.) d'huile de carthame ou d'olive
85	ml	(1/3 t.) d'eau
65	ml	(1/4 t.) de sauce tamari
		une pincée de cayenne
5	ml	(1 c. à thé) de basilic
1		gousse d'ail pressée ou ciboulette au goût

PRÉPARATION	5 MIN.

- Bien mélanger tous les ingrédients dans un bol et laisser macérer quelques heures.
- Se conserve au réfrigérateur durant 1 mois.

Rapide à préparer, dépanne adéquatement sur n'importe quelle salade.

Rapide, simple et excellente

VINAIGRETTE SANTÉ

INGRÉDIENTS   2 PORTIONS

250 ml (1 t.) d'huile d'olive
 65 ml (1/4 t.) d'eau
 15 ml (1 c. à s.) de levure alimentaire
         jus d'un demi citron frais
  1 ml (1/4 c. à thé) de curcuma ou de moutarde sèche
         sel Herbamare et cayenne au goût
         ciboulette ou persil haché

PRÉPARATION   10 MIN.

- Bien mélanger dans un bol et réfrigérer.
- Se conserve 3 semaines au réfrigérateur.

Cette vinaigrette est très digestible.

SAUCE AU TAHINI

Un goût à découvrir et à apprécier

| INGRÉDIENTS | 325 ML |

125 ml (1/2 t.) de tahini (beurre de sésame)
125 ml (1/2 t.) d'eau
 65 ml (1/4 t.) de sauce tamari
 cayenne au goût
 1 gousse d'ail émincée
 fines herbes au goût

PRÉPARATION **5 MIN.**

- Bien mélanger le tout et réfrigérer.
- Se conserve 3 semaines au réfrigérateur.

Un petit goût salé savoureux avec du chou, des carottes râpées ou toute autre salade.

VINAIGRETTE CÉSAR

INGRÉDIENTS   753 ML

190	ml	(3/4 t.) d'huile de carthame
190	ml	(3/4 t.) d'eau
85	ml	(1/3 t.) de vinaigre de cidre
1	ml	(1/4 c. à thé) de miel
5	ml	(1 c. à thé) de sel de mer
250	ml	(1 t.) de poudre de lait
15	ml	(1 c. à s.) de moutarde sèche
2	ml	(½ c. à thé) de curcuma
15	ml	(1 c. à s.) d'oignons émincés séchés
		cayenne et basilic

PRÉPARATION   10 MIN.

- Dans un mélangeur, mettre tous les ingrédients sauf le basilic et les oignons séchés.
- Brasser à grande vitesse.
- Ajouter le basilic et les oignons. Brasser légèrement.
- Se conserve au réfrigérateur pendant un mois.

Succulente sur une laitue romaine saupoudrée de croûtons de pain et de pépites de soya à saveur de bacon!

Toute en douceur

INGRÉDIENTS		200 ML
	jus d'un demi citron	
1	avocat bien mûr	
125 ml	(1/2 t.) d'eau	
1	gousse d'ail ou ciboulette	
1	lamelle de piment	
1/2	branche de céleri	
	sel Herbamare et cayenne au goût	

PRÉPARATION	20 MIN.

- Couper l'avocat en deux pour le vider.
- Mettre au mélangeur l'avocat en morceaux avec tous les autres ingrédients puis bien brasser.
- Servir immédiatement.

Une sauce riche et onctueuse qui rehausse la saveur des légumes frais.

MAYONNAISE MAISON

Une réussite à tout coup

INGRÉDIENTS	850 ml

- 190 ml (3/4 t.) d'eau
- 65 ml (1/4 t.) de vinaigre de cidre ou 2 citrons pressés
- 1 ml (1/4 c. à thé) de miel
- 5 ml (1 c. à thé) de sel de mer
- 15 ml (1 c. à s.) de moutarde sèche
- 0.5 ml (1/8 c. à thé) de curcuma
- 250 ml (1 t.) de poudre de lait
- 315 ml (1 1/4 t.) d'huile de tournesol

PRÉPARATION	10 MIN.

- Déposer tous les ingrédients dans le mélangeur sauf l'huile et battre à grande vitesse pendant 2 minutes.
- Diminuer la vitesse du mélangeur et ajouter l'huile en filet.
- Se conserve 1 mois au réfrigérateur dans un pot de vitre.

Pour clarifier au moment de l'utilisation sur une salade, ajouter un peu d'eau et du jus de citron.

Excellent pour tartiner sur du pain ou des biscottes.

Mes Repas du Midi

Afin de me donner l'énergie dont j'ai besoin pour demeurer vitalisée toute la journée, je choisis d'inscrire à mon menu du midi des repas à base de protéines complètes

Une grande variété d'aliments d'origine végétale contient tous les acides aminés dont mon corps a besoin pour se maintenir en forme sans faire appel à la chair animale

CAROTTES À L'AIL

Un succulent accompagnement

INGRÉDIENTS	3 PORTIONS

6 carottes
4 gousses d'ail émincées
   sel Herbamare et cayenne
45 ml (3 c. à s.) d'huile au goût

PRÉPARATION	5 MIN.
CUISSON	20 MIN.

- Couper les carottes en bâtonnets.
- Les déposer dans une casserole allant au four, ajouter les autres ingrédients en terminant par l'huile que l'on met en filet sur le dessus.
- Couvrir et cuire au four à 180ºC (350ºF) 20 minutes ou cuire à la vapeur (dans ce cas ajouter les assaisonnements et l'huile en dernier seulement).

Mes petits compléments

INGRÉDIENTS	2 PORTIONS

125 ml   (1/2 t.) de graines de tournesol ou de citrouille
15 ml   (1 c. à s.) de sauce tamari

PRÉPARATION	5 MIN.
CUISSON	5 MIN.

- Déposer les graines dans un poêlon anti-adhésif et griller légèrement à feu doux.
- Retirer du feu et ajouter la sauce tamari.

Les graines se grillent aussi ensemble. Elles apportent un supplément alimentaire nutritif dans une salade ou dans d'autres mets.

Une lasagne originale

INGRÉDIENTS	4 PORTIONS

1		sac d'épinards
1		oignon en tranches
1		grosse tomate
1		branche de céleri
1		piment rouge
1		zucchini
500	ml	(2 t.) de fromage cottage écrémé
125	ml	(1/2 t.) de graines de tournesol
		sel Herbamare et paprika

PRÉPARATION	15 MIN.

CUISSON	12 À 15 MIN.

- Laver et assécher les épinards.
- Trancher les autres légumes.
- Huiler un plat de 9" X 11", couvrir le fond avec les épinards hachés, ajouter les légumes en alternant avec les rangs d'épinards, de fromage cottage et les graines de tournesol.
- Assaisonner et cuire au four à 180⁰C (350⁰F) de 12 à 15 minutes.

Je sers avec du couscous, du millet ou du pain.

Ce plat demande très peu de temps de préparation et se déguste sur le pouce.

Un délice pour les fins gourmets!

INGRÉDIENTS		2 PORTIONS

1		aubergine moyenne
500	ml	(2 t.) de chapelure de pain de blé entier
375	ml	(1 1/2 t.) de fromage
2		oignons verts hachés finement
2		oeufs battus
30	ml	(2 c. à s.) de persil frais
1		gousse d'ail
		sel Herbamare et cayenne
15	ml	(1 c. à s.) de graines de sésame ou de tournesol moulues
1		carotte râpée

PRÉPARATION	15 MIN.
CUISSON	10 MIN.

- Peler et couper l'aubergine en cubes et cuire à la vapeur.
- Réduire en purée.
- Ajouter tous les autres ingrédients et suffisamment de chapelure afin de façonner des boulettes qui se tiennent bien.
- Huiler le fond d'un poêlon et dorer de chaque côté.

C'est bien meilleur sans viande

INGRÉDIENTS		8 PORTIONS

30	ml	(2 c. à s.) d'huile de tournesol
1		gros oignon
2		gousses d'ail
500	ml	(2 t.) de champignons
2		branches de céleri
2		carottes
1		piment vert
796	ml	(28 onces) de tomates en conserve
796	ml	(28 onces) de jus de légumes
500	ml	(2 t.) d'eau
156	ml	de pâte de tomates (petite boîte)
85	ml	(1/3 t.) de graines de tournesol moulues
65	ml	(1/4 t.) de graines de sésame moulues

Suite page suivante

PRÉPARATION	25 MIN.
CUISSON	20 MIN.

- Couper finement tous les légumes et les faire revenir dans l'huile.
- Ajouter tous les autres ingrédients SAUF le blé boulghour et la sauce tamari.
- Laisser mijoter à feu moyen 15 minutes.
- Ajouter le blé boulghour et la sauce tamari.

Suite page suivante

Enfin une sauce délicieuse sans viande!

2		feuilles de laurier
65	ml	(1/4 t.) de sauce tamari
125	ml	(1/2 t.) de blé boulghour
		basilic, sel Herbamare et cayenne au goût

PRÉPARATION

N.B.: Si la sauce est trop claire, ajouter un peu plus de blé boulghour.

VARIANTE: Je remplace les graines de tournesol et de sésame par un bloc de tofu émiétté ou 500 ml (2 t.) de seitan haché.

C'est une recette fort appréciée. Également délicieuse en lasagne.

Pizza Jardinière

Ingrédients

2 à 4 Portions
Médium

2	ml	(1/2 c. à thé) de miel
175	ml	(2/3 t.) d'eau tiède
15	ml	(1 c. à s.) de levure à pain
		une pincée de sel de mer
440	ml	(1 3/4 t.) de farine de blé dur
30	ml	(2 c. à s.) d'huile de soya

Ingrédients

Garniture

1		gros oignon
1		piment vert
500	ml	(2 t.) de champignons
		quelques morceaux de brocoli
		quelques morceaux de chou-fleur
1		zucchini
		sauce tomate ou sauce à spaghetti
		origan et basilic
		fromage mozzarella râpé

Préparation

60 min.

- Délayer le miel dans l'eau tiède puis ajouter la levure.
- Bien mélanger et laisser gonfler 20 minutes.
- Mélanger dans un autre bol en bois ou en verre la farine, l'huile et le sel de mer. Creuser le centre et y verser le mélange de la levure.
- Former une boule et pétrir la pâte 5 minutes.
- Laisser lever 30 minutes et rouler.

Préparation

20 min.

Cuisson

15 min.

- Trancher très minces tous les légumes.
- Étendre la sauce tomate sur la pâte.
- Déposer généreusement les légumes en alternant et saupoudrer d'origan et de basilic.
- Recouvrir de fromage râpé et garnir avec des granules de soya fumées si désiré.
- Dorer au four à 200ºC (400ºF) environ 15 minutes.

Douces et digestibles

INGRÉDIENTS	4 PORTIONS

250	ml	(1 t.) de fèves de lima
750	ml	(3 t.) d'eau
15	ml	(1 c. à s.) de bouillon de légumes à saveur de poulet
85	ml	(1/3 t.) de légumes séchés
2		feuilles de laurier
1		morceau d'algue Kombu
15	ml	(1 c. à s.) d'huile de carthame
1	ml	(1/4 c. à thé) de poudre de cari
		sel de mer et cayenne
		sarriette et basilic

PRÉPARATION	15 MIN.
CUISSON	1HRE 1/2

- Cuire les fèves de lima pré-trempées dans l'eau (voir tableau) avec le bouillon, les légumes séchés, le laurier et le Kombu.
- Après la cuisson, ajouter l'huile et les assaisonnements.

Dans les différentes grosseurs de fèves de lima disponibles, les plus petites sont mes préférées.

Je sers avec une délicieuse salade et les carottes à l'ail.

Un goût génialement différent

INGRÉDIENTS
20 CROQUETTES

375	ml	(1 1/2 t.) de lentilles (vertes ou brunes)
750	ml	(3 t.) d'eau
1		carotte
1		oignon
1/2		branche de céleri
		persil au goût
250	ml	(1 t.) de chapelure de pain
2		oeufs
		sel Herbamare et cayenne
		fines herbes

PRÉPARATION
15 MIN.

CUISSON
45 MIN.

- Cuire les lentilles dans l'eau couvert environ 30 minutes puis réduire en purée.
- Hacher finement tous les légumes, mélanger avec la purée de lentilles et les autres ingrédients.
- Former des croquettes, enrober de chapelure si désiré et cuire dans un poêlon légèrement huilé.
- Bien dorer de chaque côté ou faire griller au four.

Délicieuses dans les hamburgers avec des tomates, de la luzerne et des oignons. Ou tout simplement servies avec des légumes cuits à la vapeur accompagnés d'une sauce béchamel.

Un excellent hamburger sans gras saturé

INGRÉDIENTS	PARTIE 1	20 CROQUETTES

375	ml	(1 1/2 t.) de lentilles (vertes ou brunes)
190	ml	(3/4 t.) de riz
10	ml	(2 c. à thé) de concentré de légumes à saveur de boeuf
1		feuille de laurier
		algue Kombu (petit morceau)
85	ml	(1/3 t.) de légumes séchés
2	l	(8 t.) d'eau

Suite page suivante

PRÉPARATION	PARTIE 1	15 MIN.
CUISSON		30 MIN.

- Cuire ensemble dans l'eau les lentilles, le riz et les autres ingrédients.

Suite page suivante

Alternative astucieuse pour le hamburger

INGRÉDIENTS	PARTIE 2	20 CROQUETTES

190	ml	(3/4 t.) de carottes
1		oignon émincé
65	ml	(1/4 t.) de farine de blé mou
125	ml	(1/2 t.) de chapelure de pain
175	ml	(2/3 t.) de sauce tomate
2		gousses d'ail pressées
30	ml	(2 c. à s.) de sauce tamari
		sel Herbamare, cayenne et basilic au goût

PRÉPARATION	PARTIE 2	10 MIN.
CUISSON		20 MIN.

- Râper les carottes et hacher l'oignon.
- Dans un grand bol, mélanger tous les ingrédients.
- Ajouter la première préparation puis former des croquettes et recouvrir de chapelure.
- Cuire à la poêle dans un peu d'huile 5 minutes de chaque côté ou au four sur une plaque huilée.

N.B.: Si le mélange est trop collant pour former des croquettes, j'ajoute un peu de farine ou de chapelure.

Garnir les hamburgers avec de la laitue, de la luzerne, des tomates, de l'oignon et du fromage si désiré.

En plat principal ou en sauce à spaghetti

INGRÉDIENTS			6 PORTIONS

65	ml	(1/4 t.) de blé boulghour
250	ml	(1 t.) de lentilles (vertes ou brunes)
125	ml	(1/2 t.) de légumes séchés
750	ml	(3 t.) d'eau
2		feuilles de laurier
30	ml	(2 c. à s.) de bouillon de légumes instantané (en granules)
		algue Kombu (un petit morceau)
1		oignon
1/2		navet
2		carottes
1		branche de céleri
1		pomme de terre
30	ml	(2 c. à s.) d'huile de carthame
796	ml	(28 onces) de tomates en conserve
30	ml	(2 c. à s.) de sauce tamari

PRÉPARATION	

CUISSON	25 MIN.

- Laver et amener à ébullition les lentilles avec le blé boulghour, les légumes séchés, les feuilles de laurier, le bouillon de légumes et l'algue Kombu dans l'eau.
- Laisser mijoter environ 15 minutes couvert.
- Couper les légumes et les faire revenir dans un peu d'huile et y ajouter le mélange de lentilles déjà cuites.
- Incorporer le reste des ingrédients et laisser mijoter 10 minutes (les légumes doivent rester un peu croquants).

N.B: Si c'est trop épais, ajouter du jus de légumes ou de l'eau.

Pour compléter ce plat de protéines, je le mange avec du pain de blé entier, du millet ou des noix. Cette recette peut également servir de sauce à spaghetti, seulement la rendre plus claire en ajoutant du jus de légumes ou de l'eau.

PÂTÉ CHINOIS AUX LENTILLES

Sans cholestérol

INGRÉDIENTS	PARTIE 1	6 PORTIONS

250	ml	(1 t.) de lentilles (vertes ou brunes)
125	ml	(1/2 t.) de blé boulghour
15	ml	(1 c. à s.) de concentré de légumes saveur de boeuf
1		feuille de laurier
		algue Kombu (petit morceau)
875	ml	(3 1/2 t.) d'eau

PARTIE 2

8		pommes de terre
1.5	l	(6 t.) d'eau
250	ml	(1 t.) de lait de soya
15	ml	(1 c. à s.) de beurre ou de margarine
2		échalotes

Suite page suivante

PRÉPARATION	PARTIE 1	5 MIN.
CUISSON		30 MIN.

- Trier puis laver les lentilles.
- Ajouter les autres ingrédients et cuire ensemble dans l'eau.

PRÉPARATION		10 MIN.
CUISSON	PARTIE 2	20 MIN.

- Peler et couper les pommes de terre.
- Dans un chaudron, amener l'eau à ébullition et laisser mijoter 20 minutes.
- Égoutter et réduire en purée en ajoutant le gras, le lait et les échalotes hachées.

Suite page suivante

Heureuse solution au cholestérol

INGRÉDIENTS	PARTIE 3	6 PORTIONS

```
30  ml    (2 c. à s.) d'huile de soya
 1        branche de céleri
 1        gousse d'ail
 1        oignon
          sel Herbamare et cayenne au goût
 1  l     (4 t.) de maïs en grains
```

PRÉPARATION	PARTIE 3	5 MIN.
CUISSON		20 MIN.

- Faire revenir dans l'huile les légumes hachés finement et verser le mélange de lentilles et de blé boulghour de même que les assaisonnements.
- Déposer ce mélange dans un plat de 9" X 12". Ajouter le maïs puis les pommes de terre.
- Disperser des noisettes de beurre sur le dessus.
- Cuire au four à 180^{0}C (350^{0}F) pendant 20 minutes.

Un repas consistant et équilibré, idéal pour un dîner familial.

VÉGÉ-PÂTÉ

Un excellent substitut à la viande

INGRÉDIENTS	8 PORTIONS

250	ml	(1 t.) de graines de tournesol
65	ml	(1/4 t.) de graines de sésame
125	ml	(1/2 t.) de levure alimentaire
190	ml	(3/4 t.) de farine de maïs ou de blé mou
3		oignons
3		grosses pommes de terre
2		carottes
125	ml	(1/2 t.) d'huile de tournesol
250	ml	(1 t.) d'eau
65	ml	(1/4 t.) de sauce tamari
2		gousses d'ail pressées
		une pincée de thym et de basilic
5	ml	(1 c. à thé) d'oignons émincés séchés
		cayenne au goût

PRÉPARATION	15 MIN.
CUISSON	40 MIN.

- Moudre les graines ensemble.
- Hacher les oignons et râper les autres légumes.
- Mélanger tous les ingrédients dans un grand bol.
- Verser dans un moule de 8" X 10".
- Cuire au four à 180°C (350°F) pendant 40 minutes.

Les pommes de terre sucrées sont excellentes dans ce végé-pâté.

Ce tartinage est délicieux sur pain pita ou biscotte, le tout accompagné d'une généreuse portion de salade avant le repas.

CRETONS

Un grand succès auprès de toute ma famille

INGRÉDIENTS

6 À 8 PORTIONS

500	ml	(2 t.) de graines de tournesol
65	ml	(1/4 t.) de graines de sésame
250	ml	(1 t.) de farine de blé mou
2		gros oignons
3		gousses d'ail
2		grosses pommes de terre
125	ml	(1/2 t.) d'huile de tournesol
250	ml	(1 t.) d'eau chaude
15	ml	(1 c. à s.) de sauce tamari
10	ml	(2 c. à thé) de jus de citron
10	ml	(2 c. à thé) d'épices mélangées
5	ml	(1 c. à thé) d'oignons séchés
		sel Herbamare et cayenne au goût

PRÉPARATION

15 MIN.

CUISSON

35 À 40 MIN.

- Moudre les graines de tournesol et de sésame.
- Hacher finement tous les légumes.
- Dans un grand bol, déposer tous les ingrédients et bien mélanger.
- Verser ce mélange dans un plat huilé de 8" X 10".
- Cuire au four à 180°C (350°F) de 35 à 40 minutes jusqu'à ce que le dessus soit légèrement rôti.

Servir avec une bonne salade fraîche d'automne ou verte, de la luzerne germée et des biscottes ou du pain.

Un plat de résistance très complet et fortement apprécié.

Découvrez le goût de la nature, apprivoisez l'humus

INGRÉDIENTS | 3 À 4 PORTIONS

- 250 ml (1 t.) de pois chiches
- 30 ml (2 c. à s.) de tahini (beurre de sésame)
- 5 ml (1 c. à thé) de prunes salées (Umeboschi) (facultatif)
- 5 ml (1 c. à thé) de sauce tamari
- 2 gousses d'ail pressées

PRÉPARATION | 15 MIN.

CUISSON | 1HRE 1/2

- Cuire les pois chiches pré-trempés (voir tableau).
- Mettre les pois chiches cuits au mélangeur avec un peu d'eau de cuisson afin d'obtenir une texture crémeuse.
- Retirer du mélangeur et ajouter les autres ingrédients.
- Si vous n'utilisez pas de prunes salées dans la recette, ajouter un peu plus de sauce tamari.

Ce tartinage peut également servir de trempette pour des légumes et des croûtons, ou de farce pour pains pita. Avec une bonne salade servie en entrée, j'obtiens un succulent repas complet.

Un pâté pour les fins gourmets

INGRÉDIENTS		**6 PORTIONS**

500 ml (2 t.) de pacanes
2 grosses tomates rouges
1 gros oignon
250 ml (1 t.) de chapelure de pain (blé entier)
65 ml (1/4 t.) de graines de lin moulues
30 ml (2 c. à s.) d'huile de soya
85 ml (1/3 t.) de lait de soya
5 ml (1 c. à thé) de sauce tamari
3 ml (1/2 c. à thé) d'origan
3 ml (1/2 c. à thé) de basilic
5 ml (1 c. à thé) de sel Herbamare
cayenne au goût

PRÉPARATION	**10 MIN.**
CUISSON	**35 MIN.**

- Broyer les pacanes.
- Hacher finement l'oignon.
- Couper les tomates en cubes.
- Mélanger tous les ingrédients.
- Verser ce mélange dans un moule à pain huilé.
- Cuire au four à 180°C (350°F) environ 35 minutes.

Ce plat de résistance est délicieux avec des choux de Bruxelles, des haricots et des betteraves. Très complet, il contient des protéines de qualité en grande quantité.

Excellente idée pour la boîte à lunch

INGRÉDIENTS	2 À 3 PORTIONS

125	ml	(1/2 t.) de fèves de soya
250	ml	(1 t.) de tomates ou plus
45	ml	(3 c. à s) de beurre d'arachides
30	ml	(2 c. à s.) d'huile de soya
45	ml	(3 c. à s.) de sauce tamari
125	ml	(1/2 t.) de chapelure de pain de blé entier
1		oignon
1		carotte
1		zucchini

PRÉPARATION	10 MIN.
CUISSON	40 MIN.

- Laver et faire tremper les fèves de soya 15 heures.
- Jeter l'eau de trempage et passer au mélangeur avec les tomates.
- Hacher les légumes.
- Mélanger tous les ingrédients.
- Verser dans un moule à pain et cuire à 180°C (350°F) durant 40 minutes.

Ce tartinage est une excellente source de protéines.

Je sers avec une salade, de la luzerne et du pain, ou tout simplement en plat principal avec des légumes verts.

TARTINAGE DE TOFU

INGRÉDIENTS — 4 PORTIONS

1		bloc de tofu (mou)
5	ml	(1 c. à thé) de curcuma
2		échalotes
1		branche de céleri
1		piment vert
45	ml	(3 c. à s.) de mayonnaise naturelle
5	ml	(1 c. à thé) de sel Herbamare
		cayenne au goût

PRÉPARATION — 10 MIN.

* Écraser le tofu à la fourchette.
* Hacher finement les légumes et mélanger avec le tofu et les autres ingrédients.

Délicieux en sandwich, sur des craquelins ou du pain pita. À servir avec une abondante salade verte.

Ce tartinage fait la joie de tous. Essayez-le, vous l'adopterez à coup sûr!

Un p'tit goût citronné

INGRÉDIENTS			2 PORTIONS

250	ml	(1 t.) de tofu mou
30	ml	(2 c. à s.) d'huile de carthame
1		citron pressé
2	ml	(1/2 c. à thé) de sel de mer
1	ml	(1/4 c. à thé) de sucre brut
15	ml	(1 c. à s.) d'oignons émincés séchés
		cayenne
65	ml	(1/4 t.) d'eau
30	ml	(2 c. à s.) de mayonnaise naturelle
65	ml	(1/4 t.) de fenouil frais

PRÉPARATION	5 MIN.

- Hacher le fenouil et mettre de côté.
- Émietter le tofu. Passer au mélangeur avec les autres ingrédients pour obtenir une texture crémeuse.
- Si le mélange est trop épais, ajouter un peu d'eau ou de mayonnaise.
- Ajouter le fenouil en dernier et mélanger 3 secondes de plus.

Réfrigérer 2 à 3 heures avant de servir.

Délicieux avec des légumes crus.

Un goût piquant qui réchauffe

INGRÉDIENTS

2 PORTIONS

15	ml	(1 c. à s.) d'huile de soya
1/2		bloc de tofu
5	ml	(1 c. à thé) d'oignons émincés séchés
30	ml	(2 c. à s.) de sauce tamari
10	ml	(2 c. à thé) de gingembre frais râpé

PRÉPARATION

5 MIN.

CUISSON

5 MIN.

- Couper le tofu en tranches minces.
- Dans un poêlon, verser un peu d'huile et dorer les tranches de tofu de chaque côté avec les oignons.
- En dernier, ajouter la sauce tamari et le gingembre râpé.

Délicieux avec des légumes verts, en sandwich recouvert d'une sauce brune ou encore en salade.

TOFU AU GRATIN

INGRÉDIENTS   4 PORTIONS

500	ml	(2 t.) de tofu
1		gros oignon
1		piment vert ou rouge
1		branche de céleri
500	ml	(2 t.) de carottes
250	ml	(1 t.) de zucchini
45	ml	(3 c. à s.) d'huile de carthame
125	ml	(1/2 t.) de persil
65	ml	(1/4 t.) de sauce tamari
		cayenne au goût
125	ml	(1/2 t.) de fromage râpé (écrémé)

PRÉPARATION   15 MIN.

CUISSON   35 MIN.

- Hacher le tofu puis couper finement tous les légumes.
- Faire sauter le tofu et les légumes dans un peu d'huile.
- Ajouter les autres ingrédients (sauf le fromage).
- Verser la préparation dans un plat huilé (moule à pain) et saupoudrer de fromage.
- Cuire au four à 180°C (350°F) 25 minutes.

Accompagné de choux de Bruxelles et de chou-fleur, ce plat se déguste admirablement avec une salade verte.

TOFU BRAISÉ

Ma recette passe-partout avec les sauces ou les pâtes

INGRÉDIENTS

4 PORTIONS

1		bloc de tofu
1		oignon
1		branche de céleri
1		piment vert ou rouge
1		carotte râpée
45	ml	(3 c. à s.) de sauce tamari
30	ml	(2 c. à s.) d'huile de soya
		cayenne au goût

PRÉPARATION — 10 MIN.
CUISSON — 10 MIN.

- Émietter le tofu et faire dorer dans un poêlon légèrement huilé.
- Hacher finement les légumes et les ajouter au tofu en remuant.
- En dernier lieu, ajouter la sauce tamari et la cayenne.

Ce plat est délicieux en sandwich avec de la luzerne germée et de la laitue, dans une salade, dans le riz, avec des pâtes alimentaires ou tout simplement servi avec des légumes verts.

Tout un régal familial!

INGRÉDIENTS	4 À 6 PORTIONS

		tofu braisé (recette à la page précédente)
1	l	(4 t.) de maïs frais (cuit et égrené) ou congelé
6		pommes de terre
2		échalotes hachées
250	ml	(1 t.) de lait de soya ou autre
15	ml	(1 c. à s.) de beurre ou de margarine

PRÉPARATION	15 MIN.
CUISSON	40 MIN.

- Dans un moule de 9" X 11" verser la préparation de tofu braisé puis étendre le maïs par-dessus.
- Après avoir cuit les pommes de terre dans de l'eau, les réduire en purée en y ajoutant le beurre ou la margarine, les échalotes et le lait de soya ou autre. Bien mélanger à l'aide d'un batteur électrique.
- Verser la purée de pommes de terre par dessus le maïs.
- Faire dorer au four à 180ºC (350ºF) 15 minutes.

Rapide et délicieux. Servir avec des haricots ou autres légumes verts.

Ce pâté chinois fait fureur à la maison et lorsque je reçois des invités. En plus d'être savoureux, ce plat est très nourrissant et complet.

PÂTÉ AUX LÉGUMES ET AU TOFU

J'en raffole, un goût exquis!

INGRÉDIENTS
6 PORTIONS

15	ml	(1 c. à s.) d'huile de soya
1		bloc de tofu
30	ml	(2 c. à s.) de sauce tamari
1		poireau ou oignon
1		branche de céleri
1		piment vert ou rouge
3		carottes
2		pommes de terre
1		petit navet
250	ml	(1 t.) de pois verts congelés
500	ml	(2 t.) de maïs frais ou congelé
30	ml	(2 c. à s.) de sauce tamari
500	ml	(2 t.) d'eau
15	ml	(1 c. à s.) de concentré de légumes en pâte

Suite page suivante

PRÉPARATION — **15 MIN.**

CUISSON — **35 MIN.**

- Couper le tofu en cubes et le faire rôtir dans l'huile 5 minutes.
- Lorsque le tofu est rôti, ajouter 15 ml (1 c. à s.) de sauce tamari.
- Mettre de côté.
- Couper les légumes en cubes et sauter dans un poêlon.
- Ajouter l'eau, le concentré de légumes et laisser mijoter 15 minutes.
- Ajouter le tapioca moulu ou la farine de marante, la sauce tamari et la cayenne.
- Déposer dans l'abaisse les cubes de tofu et la préparation de légumes puis garnir le dessus de fromage râpé.
- Mettre au four à 180ºC (350ºF) environ 15 minutes.

Suite page suivante

Dé-li-cieux!

| INGRÉDIENTS | 6 PORTIONS |

15 ml (1 c. à s.) de tapioca moulu ou de farine de
      marante
      cayenne au goût
      fromage râpé
1   abaisse pour un plat de pyrex 9"x12"
               (Voir recette de pâte à tarte)

| PRÉPARATION | 15 MIN. |
| CUISSON | 35 MIN. |

Ce pâté peut être délicieux même sans abaisse, seulement avec les légumes.

Servir une salade et du brocoli pour accompagner ce plat.

Du boeuf végétal? Wow!

4 PORTIONS

30	ml	(2 c. à s.) d'huile de tournesol
1		piment vert
1		piment rouge
250	ml	(1 t.) de pois mange-tout
250	ml	(1 t.) de champignons
1		branche de céleri
1		tige de brocoli
1		oignon
2		carottes
400	g	de seitan
30	ml	(2 c. à s.) de sauce tamari
1	ml	(1/4 c. à thé) de basilic
		cayenne

PRÉPARATION   **20 MIN.**

CUISSON   **10 MIN.**

- Dans un poêlon, verser 2 c. à s. d'huile puis ajouter les légumes coupés grossièrement.
- Mijoter pour attendrir.
- Couper le seitan en cubes et l'ajouter aux légumes ainsi que le reste des ingrédients.
- Continuer la cuisson quelques minutes

Servir sur un lit d'épinards, de haricots verts ou sur des fèves germées déjà cuites.

Enfin un repas succulent et digestible pour les Fêtes!

INGRÉDIENTS		8 PORTIONS

250	ml	(1 t.) de farine
625	ml	(2 1/2 t.) de carottes
625	ml	(2 1/2 t.) de navets
2		branches de céleri
3		oignons
6		pommes de terre moyennes
2		(8 t.) d'eau
15	ml	(1 c. à s.) de concentré de légumes en pâte
2		feuilles de laurier
500	ml	(2 t.) de pois verts congelés
75	ml	(c. à s.) de tapioca moulu
65	ml	(1/4 t.) de sauce tamari
15	ml	(1 c. à s.) de miso
5	ml	(1 c. à thé) de cannelle

Suite page suivante

PRÉPARATION	15 MIN.
CUISSON	35 MIN.

- Griller la farine dans un poêlon et laisser refroidir.
- Couper grossièrement tous les légumes.
- Dans une grande casserole, déposer les légumes et y ajouter l'eau, les feuilles de laurier, le concentré de légumes en pâte et les pois verts, puis cuire 25 à 30 minutes, couvert.
- Pendant ce temps, mélanger la farine grillée, le tapioca moulu et les assaisonnements; délayer le tout dans 375 ml (1 1/2 t.) d'eau (si trop épais, ajouter un peu plus d'eau).
- Verser ce mélange dans la casserole contenant les légumes, ajouter le seitan et laisser mijoter 5 minutes à découvert, puis ajouter l'huile.

Suite page suivante

Laissez-vous séduire en tout temps

INGRÉDIENTS	8 PORTIONS

```
  5  ml   (1 c. à thé) de clou de girofle
375  ml   (1 1/2 t.) d'eau
          sel de mer et cayenne
750  ml   (3 t.) de seitan coupé en cubes
 45  ml   (3 c. à s.) d'huile de soya
```

PRÉPARATION   **15 MIN.**

Un vrai bon ragoût, sans cholestérol.

Se congèle très bien.

Mes repas du soir

Je préfère terminer ma journée par un repas de féculents facile à digérer tout en étant très nourrissant

Les pâtes et céréales naturelles se complètent très bien en ajoutant un peu de graines de tournesol ou de citrouille grillées

Une gâterie douce qui rassasie pleinement

INGRÉDIENTS		12 CROQUETTES

227	g	(1/2 livre) de panais tranché
227	g	(1/2 livre) de carottes tranchées
2		pommes de terre moyennes
85	ml	(1/3 t.) de légumes séchés
15	ml	(1 c. à s.) de beurre ou d'huile de tournesol
3		échalotes hachées
30	ml	(2 c. à s.) de farine de blé mou
85	ml	(1/3 t.) de poudre de lait
		sel Herbamare et cayenne au goût
		chapelure de pain de blé entier

PRÉPARATION	15 MIN.
CUISSON	30 MIN.

- Cuire le panais, les carottes et les pommes de terre avec les légumes séchés dans un peu d'eau, environ 20 minutes.
- Retirer l'eau et réduire en purée.
- Ajouter le reste des ingrédients sauf la chapelure de pain et bien mélanger.
- Former des croquettes et les enrober de chapelure de pain.
- Cuire dans un poêlon légèrement huilé: rôtir 5 minutes de chaque côté ou cuire au four à 200°C (400°F) 10 minutes.

J'accompagne de sauce brune aux noix, de betteraves, de choux de Bruxelles et/ou de brocoli.

J'équilibre avec une bonne salade avant le repas.

Pour rehausser mes petits plats

INGRÉDIENTS   **4 À 6 PORTIONS**

500	ml	(2 t.) d'eau
85	ml	(1/3 t.) de pacanes ou noix d'acajou moulues
30	ml	(2 c. à s.) de tapioca moulu
15	ml	(1 c. à s.) de miso
15	ml	(1 c. à s.) d'oignons émincés séchés
15	ml	(1 c. à s.) de sauce tamari
15	ml	(1 c. à s.) d'huile de tournesol
		fines herbes mélangées
		cayenne au goût

PRÉPARATION   **5 MIN.**

CUISSON   **5 MIN.**

• Verser tous les ingrédients dans une casserole et cuire à feu doux 5 minutes.

Cette sauce accompagne très bien mes recettes de croquettes et de tourtières. Je l'ajoute aussi tout simplement sur des légumes cuits à la vapeur, crus ou râpés.

N.B. : Pour alléger, je remplace les noix par des graines de tournesol. Pour varier le goût, je remplace le miso par du concentré de légumes.

C'est ma sauce passe-partout.

TARTINAGE D'AVOCAT

Doux et crémeux, j'en raffole!

INGRÉDIENTS

HUM!

2		échalotes
6		olives noires
12		(environ) champignons frais
1		avocat mûr
15	ml	(1 c. à s.) de mayonnaise naturelle
1/2		branche de céleri
		sel Herbamare et cayenne au goût

PRÉPARATION

10 MIN.

- Hacher finement tous les légumes.
- Couper l'avocat en deux et enlever le noyau pour ensuite le vider à l'aide d'une cuillère.
- Écraser la chair do l'avocat à l'aide d'une fourchette et y ajouter tous les autres ingrédients.
- Servir immédiatement.

Pour un repas léger et vite préparé.

Je sers avec une salade, des biscottes, du pain pita ou des galettes Azim avec de la luzerne.

Mon mélange passe-partout

INGRÉDIENTS   4 PORTIONS

4		grosses pommes de terre
190	ml	(3/4 t.) de lait de soya
15	ml	(1 c. à s.) de beurre
2		échalotes ou ciboulettes hachées finement
		sel Herbamare et cayenne

PRÉPARATION   **10 MIN.**

CUISSON   **20 MIN.**

- Peler et cuire les pommes de terre dans un peu d'eau environ 20 minutes.
- Une fois bien cuites, les enlever et conserver l'eau de cuisson. Réduire en purée à l'aide d'un batteur électrique avec tous les ingrédients jusqu'à l'obtention d'une consistance crémeuse.
- Pour rendre encore plus crémeux le mélange, ajouter un peu de lait de soya ou d'eau de cuisson.

Variante: J'ajoute des grains de maïs en dernier, des pois verts congelés et du persil.

Ce mélange de pommes de terre peut être servi avec des légumes verts légèrement cuits. Je l'utilise souvent comme accompagnement.

RATATOUILLE

INGRÉDIENTS — 4 PORTIONS

2		zucchinis
1		aubergine
1		oignon
1		poireau
1		petit navet
2		gousses d'ail
250	ml	(1 t.) de pois verts congelés
30	ml	(2 c. à s.) d'huile d'olive
796	ml	(28 onces) de tomates en conserve
30	ml	(2 c. à s.) de pâte de tomates
1		feuille de laurier
5	ml	(1 c. à thé) de concentré de légumes
30	ml	(2 c. à s.) de sauce tamari
		origan et cayenne

PRÉPARATION — **20 MIN.**

CUISSON — **15 MIN.**

- Couper les légumes et les faire revenir avec l'huile dans un poêlon.
- Ajouter les tomates et la feuille de laurier puis laisser mijoter lentement 15 minutes.
- En dernier, ajouter la sauce tamari, la cayenne et l'origan.

La ratatouille est un plat de courgettes excellent pour ma santé: reminéralisant et si léger.

Lorsque j'ai une grande faim, ce plat se gratine et se sert accompagné de nouilles.

Fraîcheur du jardin

INGRÉDIENTS		3 À 4 PORTIONS

2		grosses pommes de terre
1		poireau
3		carottes
1		petit navet
1		branche de céleri
500	ml	(2 t.) d'haricots verts ou jaunes
500	ml	(2 t.) de maïs congelé
250	ml	(1 t.) de pois verts congelés
750	ml	(3 t.) d'eau
5	ml	(1 c. à thé) de concentré de légumes ou 2 cubes
15	ml	(1 c. à s.) de tapioca
60	ml	(4 c. à s.) d'eau
15	ml	(1 c. à s.) de miso
15	ml	(1 c. à s.) de sauce tamari au goût
30	ml	(2 c. à s.) d'huile de soya
		cayenne au goût

PRÉPARATION	25 MIN.
CUISSON	20 MIN.

- Couper les légumes et les déposer dans un grande marmite avec l'eau et le concentré de légumes, cuire environ 20 minutes, couvert.
- Délayer le tapioca dans l'eau et ajouter aux légumes avec le reste des ingrédients.

Variante: Au besoin, ce plat peut être gratiné ou encore accompagné de tofu braisé ou de seitan.

DÉLICIEUX POT-AU-FEU

C'est toujours une grande joie de déguster des légumes

4 PORTIONS

4		pommes de terre moyennes
1		petit navet
3		carottes
1		petit chou vert
1		poireau ou oignon
500	ml	(2 t.) d'haricots verts ou jaunes
1	l	(4 t.) d'eau ou plus
1		cube de concentré de légumes
30	ml	(2 c. à s.) d'huile de carthame
45	ml	(3 c. à s.) de sauce tamari
15	ml	(1 c. à s.) de miso
2		feuilles de laurier
		basilic et cayenne au goût

PRÉPARATION   15 MIN.

CUISSON   20 MIN.

- Couper grossièrement les légumes.
- Déposer dans une grande marmite les légumes, l'eau, les feuilles de laurier et le concentré de légumes; porter à ébullition et laisser mijoter à feu doux 20 minutes.
- En dernier lieu, ajouter l'huile, la sauce tamari, le miso, le basilic et la cayenne.

J'apprécie davantage ce mets savoureux à l'automne avec des légumes fraîchement cueillis.

POLENTA

Des petites bouchées au goût différent

INGRÉDIENTS	3 À 4 PORTIONS

250	ml	(1 t.) de semoule de maïs
750	ml	(3 t.) d'eau
15	ml	(1 c. à s.) d'huile d'olive
65	ml	(1/4 t.) de légumes séchés
30	ml	(2 c. à s.) de sauce tamari
2		échalotes hachées finement
		cayenne
		chapelure de pain de blé entier
1		oeuf battu

PRÉPARATION	5 MIN.
CUISSON	10 MIN.

- Verser en pluie la semoule de maïs dans l'eau en ébullition et brasser à la cuillère de bois.
- Ajouter le reste des ingrédients sauf la chapelure de pain et l'oeuf puis laisser mijoter à feu doux en brassant continuellement pendant 10 minutes.
- Verser cette préparation dans un moule de 8" X 8" et laisser refroidir 2 heures.
- Découper en petits cubes et les enduire de l'oeuf battu et de la chapelure de pain.
- Dorer chaque cube dans un poêlon légèrement huilé.

Délicieux et nourrissant. Je sers avec une salade verte et des légumes cuits à la vapeur.

Une agréable variation à mon menu santé.

Une douceur du soir

Une autre agréable variation du blé

INGRÉDIENTS		4 PORTIONS

500	ml	(2 t.) d'eau
500	ml	(2 t.) de blé boulghour
250	ml	(1 t.) de lentilles ou de pois chiches cuits (facultatif)
500	ml	(2 t.) de pois mange-tout
1		piment rouge
1		branche de céleri
1		zucchini
3		échalotes
2		tomates fraîches
30	ml	(2 c. à s.) d'huile d'olive
30	ml	(2 c. à s.) de sauce tamari
		une pincée d'origan et de persil
		cayenne

PRÉPARATION	15 MIN.
CUISSON	20 MIN.

- Porter l'eau à ébullition et ajouter le blé boulghour.
- Éteindre le feu et laisser gonfler environ 15 minutes en brassant de temps en temps.
- Couper tous les légumes en petits morceaux et faire revenir avec l'huile dans un grand poêlon.
- Ajouter le reste des ingrédients avec le blé boulghour gonflé, réchauffer et servir.

N.B.: J'utilise le couscous en remplacement du blé boulghour. En ajoutant les pois chiches cuits ou les lentilles, ma protéine est alors complète.

Je sers avec une délicieuse salade et des betteraves cuites à la vapeur.

Pizza de Riz

INGRÉDIENTS

3 PORTIONS

375	ml	(1 1/2 t.) de riz brun
750	ml	(3 t.) d'eau
30	ml	(2 c. à s.) d'huile d'olive
1		piment
1		oignon
250	ml	(1 t.) de champignons
250	ml	(1 t.) de brocoli
250	ml	(1 t.) de chou-fleur
2		tomates rouges
1		zucchini
2		gousses d'ail émincées
		sel Herbamare et cayenne
		origan et basilic au goût
		fromage râpé au goût

PRÉPARATION　　　　　**20 MIN.**

CUISSON　　　　　**40 MIN.**

- Cuire le riz dans l'eau environ 20 minutes à feu lent, couvert à demi.
- Couper les légumes en tranches minces.
- Presser le riz dans une assiette à pizza huilée.
- Étendre les tranches de tomates, l'ail, la cayenne, l'origan, le basilic et le sel Herbamare.
- Dans un poêlon, ajouter l'huile et faire revenir les autres légumes 5 minutes puis les étendre sur les tomates; recouvrir de fromage râpé.
- Cuire au four à 180°C (350°F) environ 15 minutes.

Variante: Je remplace le riz par du millet cuit et le fromage râpé par du tofu braisé.

Je sers avec une délicieuse salade verte. C'est un repas très nourrissant.

SPAGHETTI DE SARRASIN

Le bon goût du sarrasin, à essayer et à découvrir

INGRÉDIENTS — 4 PORTIONS

250	g	(1/2 livre) de spaghetti de sarrasin
2		branches de céleri
1		piment rouge
500	ml	(2 t.) de champignons
2		oignons
1		carotte râpée
2		zucchinis
4		tomates fraîches ou 796 ml (28 onces) de tomates en conserve (1 boîte)
30	ml	(2 c. à s.) de sauce tamari
2		gousses d'ail
		origan et basilic
		sel Herbamare et cayenne au goût
30	ml	(2 c. à s.) d'huile d'olive

PRÉPARATION — 15 MIN.
CUISSON — 25 MIN.

- Cuire le spaghetti dans l'eau, égoutter et mettre de côté.
- Couper tous les légumes en petits morceaux et les faire revenir dans la poêle avec l'huile sauf les tomates.
- Ajouter les tomates et les autres ingrédients puis laisser mijoter lentement 10 minutes.
- Deposer sur le spaghetti et servir.

Je déguste juste avant, une généreuse portion de salade.

Le sarrasin, riche en minéraux, est une de nos céréales les plus nutritives.

Pour rehausser mes petits plats

INGRÉDIENTS	4 PORTIONS

500	ml	(2 t.) de macaroni
1		piment vert
1		branche de céleri
500	ml	(2 t.) de champignons
1		gros oignon
500	ml	(2 t.) de seitan haché
30	ml	(2 c. à s.) de sauce tamari
30	ml	(2 c. à s.) d'huile d'olive
		cayenne

PRÉPARATION	10 MIN.
CUISSON	15 MIN.

- Cuire le macaroni dans l'eau environ 10 minutes, rincer à l'eau froide et égoutter.
- Hacher finement tous les légumes.
- Dans un grand poêlon, ajouter l'huile pour faire revenir les légumes et le seitan 5 minutes.
- Ajouter le macaroni cuit, la sauce tamari et la cayenne.

Servir avec des choux de Bruxelles et des carottes.

Cette recette est divine.

Comme variante, j'ajoute du tofu et du gingembre frais râpé pour remplacer le seitan. Il faudra cependant ajouter un peu plus de sauce tamari.

Une recette appétissante, un délice à chaque fois!

INGRÉDIENTS	4 PORTIONS

500	ml	(2 t.) de spirales ou de coquilles aux légumes
1		piment vert ou rouge
1/2		oignon espagnol
1		branche de céleri
1		zucchini
1		gousse d'ail
1		carotte
250	ml	(1 t.) de pois mange-tout
2		tomates fraîches (facultatif)
		basilic et cayenne
30	ml	(2 c. à s.) de sauce tamari
15	ml	(1 c. à s.) d'huile d'olive

PRÉPARATION	15 MIN.
CUISSON	15 MIN.

- Cuire les spirales ou les coquilles de légumes dans de l'eau environ 10 minutes. Rincer à l'eau froide, égoutter.
- Couper tous les légumes, mettre l'huile dans un grand poêlon puis faire revenir les légumes sauf les tomates 5 minutes.
- Ajouter les spirales ou les coquilles cuites ainsi que les tomates coupées en petits morceaux.
- Réchauffer le tout et ajouter le basilic, la cayenne et la sauce tamari au goût.

Un délice pour le palais mes petites coquilles servies sur un lit d'épinards légèrement cuits. J'ajoute aussi pour varier des graines de tournesol ou de citrouille grillées au tamari.

Les bienfaits du millet

INGRÉDIENTS	PARTIE 1	6 PORTIONS

250	ml	(1 t.) de millet
500	ml	(2 t.) d'eau
1		cube de soya
65	ml	(1/4 t.) de légumes séchés
1		feuille de laurier
1		grosse ou 2 petites courges Butternut
15	ml	(1 c. à s.) de beurre
2		échalotes hachées
		sel Herbamare et cayenne

Suite page suivante

PRÉPARATION	PARTIE 1	10 MIN.
CUISSON		15 MIN.

- Porter l'eau à ébullition et laver le millet.
- Verser le millet dans l'eau bouillante avec les légumes séchés, le cube de soya et la feuille de laurier.
- Cuire à feu doux environ 15 minutes. Mettre de côté.
- Peler et couper en gros morceaux la courge Butternut et cuire à la vapeur.
- Réduire en purée et ajouter le beurre, les échalotes, le sel Herbamare et la cayenne. Mettre de côté.

Suite page suivante

Du millet s'il vous plaît

INGRÉDIENTS	PARTIE 2	6 PORTIONS

30	ml	(2 c. à s.) d'huile de carthame
30	ml	(2 c. à s.) de sauce tamari
1		oignon
1		branche de céleri
1		piment rouge
750	ml	(3 t.) de maïs frais ou congelé

PRÉPARATION	PARTIE 2	5 MIN.
CUISSON		20 MIN.

- Hacher les légumes.
- Chauffer l'huile et sauter les légumes 5 minutes.
- Ajouter le millet cuit et la sauce tamari.
- Déposer cette préparation dans un moule de 9" X 11" huilé et recouvrir le tout avec la préparation de courge en purée.
- Mettre au four à 180°C (350°F) 15 minutes.

Un repas original et nutritif: un ravissement pour les papilles gustatives.

N.B. : Le maïs peut être disposé en étage comme pour le pâté chinois.

Ma tourtière sans viande

INGRÉDIENTS	PARTIE 1	8 PORTIONS
		2 TOURTIÈRES

4		abaisses de tarte (Voir recette de pâte à tarte)
750	ml	(3 t.) d'eau
190	ml	(3/4 t.) de millet
125	ml	(1/2 t.) de blé boulghour
85	ml	(1/3 t.) de légumes séchés
2		feuilles de laurier
1		oignon haché
30	ml	(2 c. à s.) de sauce tamari
15	ml	(1 c. à s.) de concentré de légumes
à		saveur de boeuf ou autre

Suite page suivante

PRÉPARATION	PARTIE 1	5 MIN.
CUISSON		15 MIN.

- Porter l'eau à ébullition.
- Laver le millet et le blé boulghour puis le verser dans l'eau bouillante avec tous les autres ingrédients.
- Cuire à feu moyen environ 15 minutes.
- Rincer un peu à l'eau froide, égoutter et mettre de côté.

Suite page suivante

Une douceur du soir

Léger et nourrissant

INGRÉDIENTS	PARTIE 2	8 PORTIONS

```
  2       oignons
500  ml   (2 t.) de champignons
  2       gousses d'ail
 45  ml   (3 c. à s.) d'huile de soya
 30  ml   (2 c. à s.) de sauce tamari
  5  ml   (1 c. à thé) de cannelle
  5  ml   (1 c. à thé) de clou de girofle
          cayenne au goût
```

PRÉPARATION	PARTIE 2	5 MIN.
CUISSON		30 MIN.

- Hacher finement les légumes.
- Verser l'huile dans un poêlon et faire revenir les légumes 5 minutes.
- Ajouter la préparation de millet, la sauce tamari, la cannelle, le clou de girofle et la cayenne.
- Si la préparation est trop sèche, ajouter de l'eau et de l'huile, puis vérifier l'assaisonnement.
- Verser dans les abaisses non cuites et recouvrir d'une autre pâte.
- Cuire au four à 180°C (350°F) environ 25 minutes.

Elle se déguste avec délice accompagnée d'une sauce brune et de bouquets de brocoli et chou-fleur légèrement cuits.

Une richesse pour la santé

INGRÉDIENTS	PARTIE 1	4 PORTIONS

250	ml	(1 t.) de millet
500	ml	(2 t.) d'eau
65	ml	(1/4 t.) de légumes séchés
1		feuille de laurier

INGRÉDIENTS	PARTIE 2	4 PORTIONS

1		branche de céleri
2		gousses d'ail
1		oignon
500	ml	(2 t.) de maïs en grain frais ou congelé
1		piment rouge
1		zucchini
30	ml	(2 c. à s.) d'huile de carthame
		persil au goût
30	ml	(2 c. à s.) de sauce tamari
		cayenne et basilic

PRÉPARATION	PARTIE 1	5 MIN.
CUISSON		15 MIN.

- Laver le millet, mettre dans l'eau bouillante avec les légumes séchés et la feuille de laurier.
- Cuire 15 minutes à feu lent à découvert et rincer à l'eau froide. Mettre de côté.

PRÉPARATION	PARTIE 2	35 MIN.
CUISSON		35 MIN.

- Hacher tous les légumes, mettre dans un poêlon avec l'huile à feu doux 5 minutes.
- Mélanger la préparation de millet, les légumes et ajouter les assaisonnements.

Servir avec des haricots verts.
Variante: Je peux facilement ajouter soit du seitan, un peu de tofu, des graines de tournesol grillées, une sauce béchamel ou encore une sauce brune aux noix.

D'autres repas légers

Des soupes nourrissantes qui me
réchauffent, surtout en saison plus froide

Fraîche et légère, d'un goût différent

INGRÉDIENTS	4 PORTIONS

1	l	(4 t.) d'eau
15	ml	(1 c. à s.) de concentré de légumes
1		grosse betterave râpée
1		zucchini râpé
2		gousses d'ail
		clou de girofle et basilic
1		citron pressé
		sel Herbamare et cayenne
		yogourt (facultatif)

PRÉPARATION	10 MIN.
CUISSON	10 MIN.

- Amener l'eau à ébullition et y ajouter tous les ingrédients sauf le yogourt.
- Laisser mijoter sur feu moyen 10 minutes.
- Au moment de servir, ajouter dans chaque bol 2 cuil. à soupe de yogourt nature sur le dessus.
- Décorer le dessus de croûtons.

Servir avec du pain ou des biscottes.

CRÈME VELOUTÉE AUX LÉGUMES

Un doux mélange

1		carotte
1		zucchini
1		petit bouquet de chou-fleur ou 1/2 courge Butternut
1		oignon ou poireau haché
1		pomme de terre en morceaux
250	ml	(1 t.) d'eau
500	ml	(2 t.) de lait de soya
1		cube de concentré de légumes
15	ml	(1 c. à s.) d'huile de carthame
		sel Herbamare et cayenne
		persil

PRÉPARATION	5 MIN.
CUISSON	5 MIN.

- Cuire les légumes dans l'eau 20 minutes, couvert.
- Déposer les légumes cuits avec l'eau de cuisson au mélangeur avec le lait de soya, l'huile, le sel Herbamare et la cayenne. Si trop épais, ajouter du lait de soya au goût.
- Décorer avec du persil.

CRÈME DE CÉLERI

Pour un goût léger et agréable

INGRÉDIENTS		4 PORTIONS

1		poireau
1		grosse pomme de terre
500	ml	(2 t.) de céleri
500	ml	(2 t.) d'eau
1		feuille de laurier
65	ml	(1/4 t.) de légumes séchés
5	ml	(1 c. à thé) de concentré de légumes (1 cube)
250	ml	(1 t.) de lait de soya
15	ml	(1 c. à s.) d'huile de carthame
		cayenne et sel Herbamare au goût

PRÉPARATION	15 MIN.
CUISSON	15 MIN.

- Couper les légumes et cuire dans l'eau avec la feuille de laurier, les légumes séchés et le concentré de légumes 20 minutes.
- Verser le tout au mélangeur et ajouter le lait et l'huile puis assaisonner au goût.

Je sers avec du maïs soufflé.

Si je désire ajouter une protéine, j'accompagne avec des cubes de fromage, du tofu braisé ou des noix au choix: cela complète très bien mon repas léger.

CRÈME DE BROCOLI

Un autre bon légume vert excellent pour la santé

INGRÉDIENTS

4 PORTIONS

250	ml	(1 t.) d'eau
1		bouquet de brocoli avec la tige
1		oignon
30	ml	(2 c. à s.) de légumes séchés
30	ml	(2 c. à s.) d'huile de carthame
30	ml	(2 c. à s.) de fécule de tapioca ou de farine
500	ml	(2 t.) de lait de soya
30	ml	(2 c. à s.) de sauce tamari
		cayenne et basilic
		sel Herbamare (au goût)

PRÉPARATION — **15 MIN.**

CUISSON — **15 MIN.**

- Cuire le brocoli, l'oignon et les légumes séchés dans l'eau, couvert 15 minutes.
- Verser le tout au mélangeur et ajouter les autres ingrédients et assaisonner.
- Si le mélange est trop épais ajouter de l'eau.

Je sers avec de bons croûtons de pain, du fromage ou des graines de tournesol grillées à la sauce tamari.

La riche saveur des poireaux

INGRÉDIENTS		6 À 8 PORTIONS

2		poireaux
2		pommes de terre pelées
2	l	(8 t.) d'eau
15	ml	(1 c. à s.) de concentré de légumes
250	ml	(1 t.) de lait de soya
		sel Herbamare et cayenne
		basilic, fines herbes au choix
1		échalote
30	ml	(2 c. à s.) de tapioca moulu ou de farine
30	ml	(2 c. à s.) d'huile d'olive

PRÉPARATION	15 MIN.
CUISSON	15 MIN.

- Couper les légumes.
- Ajouter l'eau et le concentré de légumes et cuire à feu moyen environ 15 minutes.
- Passer au mélangeur avec le lait de soya et le reste des ingrédients.

Croûtons de pain et noix de pin agrémentent merveilleusement bien cette crème.

SOUPE MINESTRONE

Consistante et épicée

INGRÉDIENTS		6 À 8 PORTIONS

750	ml	(3 t.) d'eau
250	ml	(1 t.) de lentilles
2		oignons
2		carottes
250	ml	(1 t.) de haricots verts
1		zucchini
1		pomme de terre
1		branche de céleri
1		gousse d'ail
2	l	(8 t.) d'eau
30	ml	(2 c. à s.) de concentré de légumes à saveur de boeuf
1		feuille de laurier
2	ml	(1/2 c. à thé) d'origan
796	ml	(28 onces) de tomates (grosse boîte)

Suite page suivante

PRÉPARATION	25 MIN.
CUISSON	25 MIN.

- Cuire les lentilles dans l'eau environ 15 minutes. Mettre de côté.
- Couper finement tous les légumes.
- Amener à ébullition l'eau et le concentré de légumes puis ajouter les légumes, les tomates, l'algue, les lentilles, le laurier et l'origan.
- Cuire environ 10 minutes.
- Ajouter en dernier lieu la sauce tamari, le miso, l'échalote hachée, l'huile et la cayenne.

Suite page suivante

Vive les recettes maison!

Ingrédients	4 à 6 Portions

		algue Kombu (un petit morceau)
15	ml	(1 c. à s.) de sauce tamari
15	ml	(1 c. à s.) de miso
		cayenne
1		échalote
30	ml	(2 c. à s.) d'huile de carthame

| Préparation | 5 MIN. |
| Cuisson | 5 MIN. |

N.B. : Les lentilles peuvent être remplacées par des pois chiches ou des fèves rouges.

Pour un repas complet, j'accompagne de fromage, de noix ou encore de pain de blé entier.

Des légumineuses disponibles en toute saison

INGRÉDIENTS		8 PORTIONS

1		oignon
1		branche de céleri
1		petit navet
2		carottes
65	ml	(1/4 t.) de légumes séchés
500	ml	(2 t.) de pois cassés
3	l	(12 t.) d'eau
15	ml	(1 c. à s.) de concentré de légumes ou 1 cube
		sel Herbamare et cayenne au goût
		pincée de sarriette ou de basilic
2		feuilles de laurier
		algue Kombu (si désiré)
15	ml	(1 c. à s.) de sauce tamari
30	ml	(2 c. à s.) d'huile de soya

PRÉPARATION	**15 MIN.**
CUISSON	**1 HRE 1/2**

- Hacher finement tous les légumes.
- Mettre tous les ingrédients dans une grande casserole sauf l'huile et la sauce tamari, puis amener à ébullition.
- Laisser mijoter 1 1/2 heure à feu moyen recouvert à demi.
- Avant de servir, ajouter l'huile et la sauce tamari.

N.B. : Si vous désirez moins cuire les légumes, les ajouter 1/2 heure avant la fin de la cuisson.

Succulent avec du bon pain ou du maïs soufflé.

SOUPE À L'ORGE

Un goût qui plaît à tout le monde

INGRÉDIENTS	PARTIE 1	8 PORTIONS

125 ml (1/2 t.) d'orge mondé
625 ml (2 1/2 t.) d'eau
65 ml (1/4 t.) de légumes séchés

Suite page suivante

PRÉPARATION	PARTIE 1	10 MIN.
CUISSON		30 MIN.

- Laver et cuire l'orge dans l'eau avec les légumes séchés 30 minutes.
- Rincer à l'eau froide et mettre de côté.

Suite page suivante

Toutes les vertus de l'orge

Ingrédients	Partie 2	8 Portions

1		branche de céleri
1		poireau ou 2 oignons
250	ml	(1 t.) de navets
2		carottes
1		pomme de terre
2	l	(8 t.) d'eau
500	ml	(2 t.) de jus de légumes ou plus
1		tomate fraîche hachée (enlever la pelure)
15	ml	(1 c. à s.) de concentré de légumes
2		feuilles de laurier
		algue Kombu (petit morceau)
250	ml	(1 t.) de maïs congelé

Suite page suivante

Préparation	Partie 2	25 min.
Cuisson		55 min.

- Couper les légumes.
- Ajouter l'eau, le jus de légumes, la tomate, le concentré de légumes, l'algue et le laurier. Laisser cuire 15 minutes.
- Ajouter l'orge, le maïs et les pois verts congelés et continuer la cuisson 5 minutes.
- En dernier lieu, ajouter la sauce tamari, le miso, l'huile, le basilic, la cayenne et le sel Herbamare si nécessaire.

Cette soupe peut aussi servir d'entrée pour un repas.

Suite page suivante

Toutes les vertus de l'orge

250 ml (1 t.) de pois vert congelés
30 ml (2 c. à s.) de sauce tamari
15 ml (1 c. à s.) de miso
30 ml (2 c. à s.) d'huile de carthame
1 ml (1/4 c. à thé) de basilic
cayenne et sel Herbamare au goût

PRÉPARATION

En combinant du pain, des biscottes, du fromage ou des graines de tournesol grillées à cette soupe, elle devient alors un repas complet et nutritif.

Mes desserts

Faits à partir de sucre brut ou de miel, ces
desserts proposent une transition agréable
vers des sucres entièrement naturels

CRÈME TOFU AUX FRAISES

INGRÉDIENTS   **4 PORTIONS**

750	ml	(3 t.) de fraises fraîches ou congelées
1		bloc de tofu (mou)
85	ml	(1/3 t.) d'huile de soya
125	ml	(1/2 t.) de miel ou moins
1	ml	(1/4 c. à thé) de sel de mer
5	ml	(1c. à thé) de vanille
15	ml	(1 c. à s.) de jus de citron
65	ml	(1/4 t.) de jus de fruits ou d'eau (au besoin)

PRÉPARATION   **10 MIN.**

CUISSON   **5 MIN.**

- Si les fraises sont gelées, les placer dans un chaudron avec le miel, cuire 5 minutes et laisser refroidir.
- Émietter le tofu, mettre au mélangeur avec tous les autres ingrédients jusqu'à l'obtention d'une belle crème.
- Si c'est trop épais, ajouter du jus de fruits ou de l'eau.

Je varie la saveur en changeant le fruit (ananas, bleuet, pêche, banane, framboise...).

Pour accompagner un repas léger.

Savoureux chaud ou froid

INGRÉDIENTS — **6 PORTIONS**

6		pommes
500	ml	(2 t.) de framboises
30	ml	(2 c. à s.) d'eau
250	ml	(1 t.) de sucre brut
250	ml	(1 t.) de farine de blé mou
250	ml	(1 t.) de flocons d'avoine
65	ml	(1/4 t.) de poudre de malt
175	ml	(2/3 t.) d'huile de tournesol
		cannelle

PRÉPARATION — **10 MIN.**

CUISSON — **25 MIN.**

- Peler et couper les pommes en morceaux.
- Utiliser un moule de 8" X 10". Étendre les pommes, les framboises et l'eau.
- Mélanger tous les autres ingrédients avec l'huile et recouvrir les pommes et les framboises.
- Si le mélange est trop sec, ajouter de l'eau au besoin.
- Saupoudrer de cannelle et cuire à 180⁰C (350⁰F) 25 minutes.

Je remplace les pommes et les framboises par d'autres fruits au choix (fraises, bleuets...).

Pour l'heure de la tisane.

INGRÉDIENTS

24 BISCUITS

85	ml	(1/3 t.) de lait de soya
190	ml	(3/4 t.) de sucre brut
5	ml	(1 c. à thé) de vanille
85	ml	(1/3 t.) d'huile de carthame
250	ml	(1 t.) de farine de blé mou
2	ml	(1/2 c. à thé) de sel de mer
2	ml	(1/2 c. à thé) de poudre à pâte
1	ml	(1/4 c. à thé) de soda à pâte
315	ml	(1 1/4 t.) de noix de coco
85	ml	(1/3 t.) de noix de grenoble
125	ml	(1/2 t.) de flocons d'avoine

PRÉPARATION

10 MIN.

CUISSON

15 MIN.

- Mettre le lait, le sucre, la vanille et l'huile au mélangeur.
- Mélanger ensemble la farine, le sel, le soda et la poudre à pâte puis ajouter au premier mélange.
- Ajouter les noix et les flocons d'avoine
- Couper en deux pour former deux rouleaux. Envelopper dans du papier ciré.
- Déposer une nuit au congélateur.
- Développer et couper en tranches minces, mettre sur une tôle à biscuits non-graissée.
- Cuire à 180ºC (350ºF) pendant 15 minutes, puis retirer aussitôt de la tôle.

Cette recette se conserve 2 mois au congélateur: je coupe quelques tranches au besoin lorsque de la visite s'annonce à l'improviste.

Une friandise-santé

INGRÉDIENTS	22 BONBONS

```
125  ml   (1/2 t.) de noix d'acajou en poudre
125  ml   (1/2 t.) d'amandes moulues
 65  ml   (1/4 t.) de dattes hachées
 65  ml   (1/4 t.) de raisins secs
 45  ml   (3 c. à s.) de noix entières
 60  ml   (4 c. à s.) d'eau
125  ml   (1/2 t.) de noix de coco
 15  ml   (1 c. à s.) de beurre de noix d'acajou ou d'amandes
```

Pour moudre les noix j'utilise un moulin à café.

PRÉPARATION	10 MIN.

- Mélanger ensemble les 5 premiers ingrédients, façonner de petites boules puis presser dans la noix de coco.
- Si le mélange est trop sec, ajouter un peu d'eau ou de beurre de noix d'acajou.
- Se conserve très bien au réfrigérateur

Une excellente collation énergétique

BOUCHÉES CROQUANTES AU CAROUBE

Remplace la barre de chocolat

INGRÉDIENTS | BOUCHÉES

30	ml	(2 c. à s.) d'huile de soya ou de tournesol
250	ml	(1 t.) de capuchons de caroube sans sucre
65	ml	(1/4 t.) de noix de coco sans sucre
85	ml	(1/3 t.) d'arachides
30	ml	(2 c. à s.) de graines de tournesol
315	ml	(1 1/4 t.) de riz soufflé grillé
5	ml	(1 c. à thé) d'essence de vanille

PRÉPARATION — **5 MIN.**

CUISSON — **5 MIN.**

- Faire fondre les capuchons de caroube avec l'huile, sur un feu très doux.
- Éteindre le feu, ajouter le reste des ingrédients et bien mélanger.
- Jeter à la cuillère sur une plaque à biscuits et réfrigérer 1 heure.

Vraiment exquis!

Des carrés mielleux

85	ml	(1/3 t.) de beurre d'arachides
85	ml	(1/3 t.) de beurre d'amandes (ou doubler le beurre d'arachides)
85	ml	(1/3 t.) de miel
85	ml	(1/3 t.) de sirop de riz (ou doubler le miel)
190	ml	(3/4 t.) de poudre de lait
85	ml	(1/3 t.) d'amandes
750	ml	(3 t.) de riz soufflé ou de millet soufflé

PRÉPARATION   **10 MIN.**

- Mélanger tous les ingrédients.
- Huiler un moule de 9" X 9" et étendre la préparation.
- Bien presser et couper en carrés.

Les enfants dévorent cette gourmandise en tout temps!

BARRES GRANOLA

INGRÉDIENTS	12 PORTIONS

- 125 ml (1/2 t.) d'huile de tournesol
- 250 ml (1 t.) de sucre brut
- 5 ml (1 c. à thé) de vanille
- 250 ml (1 t.) de lait de soya (ou autre) ou yogourt
- 335 ml (1 1/3 t.) de farine de blé mou
- 5 ml (1 c. à thé) de soda à pâte
- 2 ml (1/2 c. à thé) de sel de mer
- 5 ml (1 c. à thé) de cannelle
- 425 ml (1 2/3 t.) de céréales mélangées (gruau, germe de blé, son...)
- 250 ml (1 t.) de noix de coco
- 250 ml (1 t.) de raisins secs
- 125 ml (1/2 t.) de brisures de caroube
- 125 ml (1/2 t.) de noix

PRÉPARATION	15 MIN.
CUISSON	25 MIN.

- Mélanger l'huile, le sucre brut, la vanille et le lait.
- Dans un autre bol, combiner ensemble la farine et tous les autres ingrédients puis verser dans le premier mélange.
- Étendre dans une grande tôle huilée de 10" X 15" ou deux plus petites. Presser cette préparation.
- Cuire à 180ºC (350ºF) 25 minutes.
- Laisser refroidir et couper en barres.

Collation très énergétique.

Un sucré de bon goût

INGRÉDIENTS	PARTIE 1	8 PORTIONS

500 ml (2 t.) de farine de blé mou
65 ml (1/4 t.) de sucre brut
125 ml (1/2 t.) d'huile de carthame
30 ml (2 c. à s.) d'eau

INGRÉDIENTS	PARTIE 2	8 PORTIONS

125 ml (1/2 t.) de miel
65 ml (1/4 t.) de sucre brut
2 oeufs
125 ml (1/2 t.) de lait de soya
250 ml (1 t.) de céréales granola non sucrées
30 ml (2 c. à s.) de farine de blé mou
pacanes entières

PRÉPARATION	PARTIE 1	5 MIN.

- Mélanger le tout à la fourchette jusqu'à l'obtention d'un mélange granuleux.
- Tasser ce mélange au fond d'un moule non graissé de 8" X 10".
- Mettre de côté.

PRÉPARATION	PARTIE 2	5 MIN.
CUISSON		25 MIN.

- Fouetter le miel, le sucre brut, les oeufs et le lait de soya.
- Ajouter les céréales granola et la farine puis bien brasser.
- Verser cette préparation sur la base et garnir le dessus de pacanes.
- Cuire à 165⁰C (325⁰F) 25 minutes.

Remplace la tarte au sucre sans perdre le goût de sucré!

Mes Desserts Délicieux!

Le ravissement des petits et des grands

INGRÉDIENTS	6 À 8 PORTIONS

45	ml	(3 c. à s.) de beurre
175	ml	(2/3 t.) de miel
5	ml	(1 c. à thé) de vanille
85	ml	(1/3 t.) de poudre de caroube
250	ml	(1 t.) de poudre de lait
65	ml	(1/4 t.) de noix de grenoble hachées ou d'arachides

PRÉPARATION	5 MIN.
CUISSON	5 MIN.

- Fondre le beurre, ajouter le miel et la vanille en brassant, réduire à feu très doux, environ 5 minutes.
- Mélanger ensemble la poudre de caroube et la poudre de lait puis les incorporer au premier mélange en brassant.
- Ajouter les noix ou les arachides.
- Verser dans un moule de 8" X 8" beurré, presser la préparation et saupoudrer de noix hachées le dessus pour décorer si désiré.
- Mettre au réfrigérateur de 2 à 3 heures puis couper en morceaux pour servir. Se conserve plusieurs mois au congélateur.

Pour les journées de fête!

Une collation nutritive

INGRÉDIENTS	4 PORTIONS

```
250  ml   (1 t.) de riz basmati
  1  l    (4 t.) de lait de soya ou autre
 85  ml   (1/3 t.) de miel ou de sucre brut (augmenter si pas
          assez sucré)
 65  ml   (1/4 t.) de raisins secs (lavés)
  5  ml   (1 c. à thé) de vanille
          cannelle
```

PRÉPARATION	5 MIN.
CUISSON	20 MIN.

- Porter à ébullition le riz, le lait, le miel ou le sucre et les raisins secs. Laisser mijoter à feu très doux jusqu'à ce que le tout soit crémeux, environ 20 minutes.
- Ajouter la vanille puis verser dans un moule de 8" X 8" et saupoudrer le dessus de cannelle.
- Servir tel quel ou, si trop épais, ajouter du lait de soya.

Servir nature ou avec une délicieuse purée de pommes.

Excellent dessert-repas.

PÂTE À TARTE À L'HUILE (FACILE)

Une réussite à tout coup

INGRÉDIENTS	2 TARTES

500	ml	(2 t.) de farine de blé mou
1	ml	(1/4 c. à thé) de sel de mer
5	ml	(1 c. à thé) de poudre à pâte
30	ml	(2 c. à s.) de germe de blé
85	ml	(1/3 t.) d'huile de soya, de tournesol ou de carthame
175	ml	(2\3 t.) d'eau

PRÉPARATION	25 MIN.

- Dans un grand bol, mélanger les ingrédients secs ensemble et creuser un trou au milieu.
- Mettre au mélangeur l'huile et l'eau pour rendre crémeux. Retirer. Verser en fontaine dans le bol.
- Mélanger légèrement le tout à la fourchette pour former une boule.
- Laisser reposer à la température de la pièce 20 minutes avant de rouler.

Facile!!!

Un goût si crémeux

INGRÉDIENTS | 6 PORTIONS

6 à 8	pommes Cotland (6 tasses)
175 ml	(2/3 t.) d'eau
85 ml	(1/3 t.) de miel
5 ml	(1 c. à thé) de vanille
65 ml	(1/4 t.) de fécule de tapioca
	cannelle au goût
1	abaisse de tarte non cuite (voir recette précédente)

PRÉPARATION — 10 MIN.
CUISSON — 20 MIN.

- Peler et couper les pommes en morceaux ajouter tous les ingrédients et cuire 5 minutes à feu doux.
- Verser dans l'abaisse et cuire à 180ºC (350ºF) 20 minutes ou jusqu'à ce que le dessus soit doré.

Les pommes peuvent être remplacées par des pêches ou des poires.

Mes Desserts Délicieux!

Fraîcheur de l'Été

INGRÉDIENTS	PARTIE 1	6 PORTIONS

65	ml	(1/4 t.) d'huile de soya
45	ml	(3 c. à s.) de miel
335	ml	(1 1/3 t.) de flocons d'avoine
30	ml	(2 c. à s.) de raisins secs
65	ml	(1/4 t.) de chapelure de pain brun
15	ml	(1 c. à s.) de sucre brut
30	ml	(2 c. à s.) de noix de grenoble hachées
1	ml	(1/4 c. à thé) de cannelle
65	ml	(1/4 t.) d'eau

INGRÉDIENTS	PARTIE 2	GARNITURE

65	ml	(1/4 t.) de sucre brut
45	ml	(3 c. à s.) de fécule de tapioca
500	ml	(2 t.) de lait de soya ou autre
5	ml	(1 c. à thé) de vanille

PRÉPARATION	PARTIE 1	25 MIN.
CUISSON		25 MIN.

- Brasser ensemble l'huile et le miel.
- Ajouter les autres ingrédients et bien mélanger à l'aide d'une fourchette.
- Huiler une assiette à tarte, étendre la préparation et la presser partout dans le fond et les côtés.
- Cuire à 180°C (350°F) 15 minutes.

CUISSON	PARTIE 2	25 MIN.

- Dans une casserole épaisse ou un bain-marie, mélanger tous les ingrédients et cuire à feu très doux pour épaissir.
- Retirer du feu et laisser refroidir.
- Verser ensuite sur la croûte et réfrigérer 2 heures.

Au moment de servir, je garnis de fruits à mon choix (bleuets, framboises, pêches, poires...).

Le bon goût du caroube!

425	ml	(1 2/3 t.) de flocons d'avoine
65	ml	(1/4 t.) de germe de blé
30	ml	(2 c. à s.) de raisins secs
65	ml	(1/4 t.) de noix de grenoble hachées
1	ml	(1/4 c. à thé) de cannelle
15	ml	(1 c. à s.) de poudre de caroube
30	ml	(2 c. à s.) de poudre de malt
85	ml	(1/3 t.) d'huile de carthame
30	ml	(2 c. à s.) de sirop de malt
30	ml	(2 c. à s.) de capuchons de caroube sans sucre
15	ml	(1 c. à s.) d'eau

PRÉPARATION	5 MIN.
CUISSON	20 MIN.

- Mélanger tous les ingrédients à la fourchette.
- Presser dans une assiette à tarte.
- Cuire à 170°C (325°F) environ 20 minutes.

N.B. : C'est délicieux avec le mélange "Purée de fruits pommes et ananas"

GÂTEAU AU CAROUBE

Un p'tit goût chocolaté

INGRÉDIENTS

500	ml	(2 t.) de farine de blé mou
5	ml	(1 c. à thé) de poudre à pâte
85	ml	(1/3 t.) de poudre de caroube
85	ml	(1/3 t.) de raisins secs
125	ml	(1/2 t.) de capuchons de caroube
60	ml	(4 c. à s.) d'huile d'olive
125	ml	(1/2 t.) de miel
30	ml	(2 c. à s.) de vinaigre de cidre
5	ml	(1 c. à thé) de vanille
250	ml	(1 t.) d'eau

PRÉPARATION — 15 MIN.
CUISSON — 30 MIN.

- Mélanger les ingrédients secs.
- Mélanger les ingrédients liquides.
- Brasser le tout à la cuillère de bois, juste un peu pour bien mélanger.
- Graisser et enfariner un moule de 8" X 10".
- Cuire à 180°C (350°F) environ 30 minutes.

Un gâteau léger comme tout!

Voici mon régal...

Mes desserts sans sucre représentent la
santé, le délice et la joie de tellement
bien nourrir mon corps avec la nature et
de bons sucres énergétiques

CRÈME DE BLEUETS OU DE FRAMBOISES

Onctueuse et fraîche

INGRÉDIENTS	2 PORTIONS

175	ml	(2/3 t.) de fromage cottage 2%
125	ml	(1/2 t.) de yogourt nature
5	ml	(1 c. à thé) de vanille
500	ml	(2 t.) de bleuets ou de framboises
1		banane bien mûre

PRÉPARATION	25 MIN.
CUISSON	25 MIN.

- Déposer tous les ingrédients dans le mélangeur pour en faire une crème.

Idéale après un repas très léger ou comme collation.

Délicieuse seule ou sur du gâteau

INGRÉDIENTS	2 PORTIONS

500 ml (2 t.) de framboises fraîches ou congelées
500 ml (2 t.) de jus de fruits
30 ml (2 c. à s. comble) de fécule de tapioca

PRÉPARATION	5 MIN.
CUISSON	10 MIN.

- Dans un chaudron, amener les ingrédients à ébullition.
- Réduire à feu doux et amener à épaississement en brassant environ 10 minutes.
- Je peux également prendre d'autres fruits au goût.

Parfaite pour accompagner des crêpes, des gâteaux, etc.

Difficile d'y résister

1	l	(4 t.) de dattes dénoyautées
1	l	(4 t.) d'eau
175	ml	(2/3 t.) de noix de grenoble concassées
5	ml	(1 c. à thé) de vanille
750	ml	(3 t.) de flocons d'avoine
750	ml	(3 t.) de farine de blé mou
175	ml	(2/3 t.) de poudre de malt
250	ml	(1 t.) d'huile de carthame
5	ml	(1 c. à thé) de soda à pâte
65	ml	(1/4 t.) d'eau

PRÉPARATION — 10 MIN.

CUISSON — 35 MIN.

- Cuire les dattes dans 1 litre d'eau à feu moyen 10 minutes pour épaissir et y ajouter, en dernier lieu, les noix et la vanille. Mettre de côté.
- Mélanger tous les autres ingrédients avec les mains.
- Mettre la moitié de cette préparation dans un plat huilé de 8" X 12" allant au four et presser bien ce fond.
- Verser ensuite le mélange de dattes et ajouter par-dessus le reste du mélange de flocons d'avoine. Presser légèrement.
- Cuire à 180°C (350°F) 25 minutes.

Le bon goût sucré des dattes et rien d'autre.

FUDGE AU CAROUBE (SANS SUCRE)

INGRÉDIENTS

30 PORTIONS

30	ml	(2 c.à s.) d'huile de soya
500	ml	(2 t.) de brisures de caroube non sucrées
175	ml	(2/3 t.) de beurre d'arachides
125	ml	(1/2 t.) de noix de coco
125	ml	(1/2 t.) de noix de grenoble ou d'arachides
5	ml	(1 c. à thé) de vanille

PRÉPARATION 5 MIN.

CUISSON 5 MIN.

- Fondre sur feu doux l'huile, les brisures de caroube et le beurre d'arachides, réduire le feu à très doux.
- Ajouter les autres ingrédients et bien mélanger.
- Verser dans un moule de 8" X 8" et refroidir au réfrigérateur 2 heures.
- Couper et congeler.

Pour avoir toujours une petite gâterie en réserve pour mes invités ou simplement pour moi...

Le bon goût du caroube

1	l	(4 t.) de pommes
250	ml	(1 t.) de jus d'ananas ou de pêches
30	ml	(2 c. à s.) de fécule de tapioca
5	ml	(1 c. à thé) de vanille
		cannelle au goût
15	ml	(1 c. à s.) de noix de coco au goût

PRÉPARATION — **5 MIN.**

CUISSON — **20 MIN.**

- Peler et râper les pommes.
- Dans une casserole, mélanger tous les ingrédients.
- Chauffer à feu doux 5 minutes.

Idéale pour accompagner les gâteaux et crêpes ou encore, pour manger telle quelle.

Je peux également prendre la recette de la croûte de tarte croustillante pour me faire une tarte légèrement sucrée.

Toute en douceur

INGRÉDIENTS   **6 À 8 PORTIONS**

3		poires (bien mûres)
500	ml	(2 t.) de jus de poires
45	ml	(3 c. à s.) de fécule de tapioca
65	ml	(1/4 t.) de noix de coco
		Cannelle au goût
		Un fond de tarte déjà cuit (à l'huile ou croustillante)

PRÉPARATION   **5 MIN.**

CUISSON   **5 MIN.**

- Râper les poires. Déposer dans un chaudron avec les autres ingrédients, cuire à feu doux 5 minutes.
- Verser dans l'abaisse.
- Réfrigérer un peu avant de servir.

N.B. : On peut combiner ou remplacer par des pêches ou des bananes.

TARTE AUX BANANES-AMANDES

INGRÉDIENTS	6 PORTIONS

500	ml	(2 t.) d'eau bouillante
250	ml	(1 t.) de dattes
		pincée de sel de mer
85	ml	(1/3 t.) d'amandes ou de noix d'acajou
5	ml	(1 c. à thé) de vanille
30	ml	(2 c. à s.) de farine de marante
30	ml	(2 c. à s.) de fécule de tapioca
1		fond de tarte cuit
2		bananes
65	ml	(1/4 t.) de noix de coco
		fruits frais (fraises, pêches, bananes) au goût

PRÉPARATION	5 MIN.
CUISSON	10 MIN.

- Mettre au mélangeur tous les ingrédients sauf les bananes et la noix de coco.
- Cuire à feu très doux en brassant environ 10 minutes.
- Garnir le fond de tarte cuit de tranches de bananes et verser la préparation déjà refroidie.
- Décorer de fruits frais et de noix de coco au goût.

N.B. : Si la préparation est trop claire, j'ajoute du tapioca.

Cette recette peut servir de repas-dessert, de collation ou encore de dessert après un repas léger.

Ma tarte préférée

INGRÉDIENTS		6 PORTIONS

500	ml	(2 t.) d'eau
250	ml	(1 t.) de jus de fruits naturel (pommes, raisins ou pruneaux)
375	ml	(1 1/2 t.) de raisins secs
45	ml	(3 c. à s.) de fécule de tapioca
5	ml	(1 c.à thé) de vanille
		muscade et cannelle

PRÉPARATION	5 MIN.
CUISSON	10 MIN.

- Dans un chaudron, déposer l'eau, le jus et les raisins secs et les laisser tremper 3 heures.
- Porter à ébullition, ajouter le tapioca et brasser jusqu'à épaississement environ 10 minutes.
- Ajouter la vanille, la muscade et la cannelle.
- Verser cette préparation dans un fond de tarte non cuit (voir recette **"Pâte à tarte facile"**) et recouvrir d'une autre pâte avec de bonnes incisions pour empêcher que ça renverse.
- Je peux également faire un "trottoir".
- Cuire à 180°C (350°F) 25 minutes.

Se congèle très bien. Décongeler au four à 120 C (250°F) ou au micro-onde.

Une célébration pour le palais

INGRÉDIENTS	PARTIE 1	6 À 8 PORTIONS

- 85 ml (1/3 t.) de dattes
- 85 ml (1/3 t.) d'eau
- 250 ml (1 t.) de pêches

INGRÉDIENTS	PARTIE 2

- 85 ml (1/3 t.) d'huile de carthame
- 2 oeufs
- 5 ml (1 c. à thé) de vanille
- 375 ml (1 3/4 t.) de carottes râpées
- 85 ml (1/3 t.) de noix de grenoble
- 500 ml (2 t.) de farine de blé mou
- 10 ml (2 c. à thé) de poudre à pâte
- 1 ml (1/4 c. à thé) de soda à pâte

PRÉPARATION	PARTIE 1	5 MIN.
CUISSON		10 MIN.

- Cuire les dattes dans l'eau à feu moyen pour épaissir environ 5 minutes.
- Ajouter les pêches et laisser mijoter encore 5 minutes. Laisser refroidir.

PRÉPARATION	PARTIE 2	10 MIN.
CUISSON		35 MIN.

- Mélanger l'huile, les oeufs, la vanille, la purée de dattes et de pêches.
- Bien mélanger à la cuillère de bois puis incorporer les carottes râpées et les noix.
- Ajouter la farine avec la poudre à pâte et le soda; mélanger sans trop brasser.
- Verser dans un moule 8" x 8" huilé.
- Cuire à 170°C (325°F) 35 minutes.

Je le déguste nappé d'une purée de fruits à mon choix.

J'aime leur goût peu sucré

INGRÉDIENTS			10 MUFFINS

175	ml	(2/3 t.) de poudre de malt
625	ml	(2 1/2 t.) de farine de blé mou
2	ml	(1/2 c. à thé) de soda à pâte
10	ml	(2 c.à thé) de poudre à pâte
5	ml	(1 c. à thé) de cannelle
		une pincée de sel de mer
65	ml	(1/4 t.) de noix de grenoble
500	ml	(2 t.) d'ananas en conserve broyés (sans sucre)
85	ml	(1/3 t.) d'huile de carthame
5	ml	(1 c. à thé) de vanille

PRÉPARATION	10 MIN.
CUISSON	20 À 25 MIN.

- Mélanger les ingrédients secs ensemble.
- Mélanger les ananas avec l'huile et la vanille. Incorporer au premier mélange.
- Verser dans des moules à muffins huilés.
- Cuire au four à 180ºC (350ºF) de 20 à 25 minutes.

N.B. : Les ananas se remplacent agréablement par des pommes râpées.

Tout le parfum et le goût du bleuet

INGRÉDIENTS		6 À 8 MUFFINS

375	ml	(1 1/2 t.) de dattes
375	ml	(1 1/2 t.) d'eau
65	ml	(1/4 t.) d'huile de tournesol
1		oeuf
625	ml	(2 1/2 t.) de farine de blé mou
10	ml	(2 c.à thé) de poudre à pâte
2	ml	(1/2 c. à thé) de soda à pâte
5	ml	(1 c. à thé) de vanille
375	ml	(1 1/2 t.) de bleuets

PRÉPARATION	10 MIN.
CUISSON	40 MIN.

- Cuire les dattes dans l'eau jusqu'à épaississement, environ 10 minutes et laisser refroidir.
- Ajouter l'huile, l'oeuf et la vanille à la préparation de dattes.
- Incorporer la farine, la poudre à pâte, le soda à pâte et les bleuets. Mélanger légèrement sans trop brasser.
- Verser dans des moules à muffins huilés.
- Remplir les moules avec la pâte au 3/4 et cuire à 180°C (350°F) 30 minutes.

À l'occasion du déjeuner ou pour le brunch du dimanche.

Colombe Plante

Cours de
Cuisine
Végétarienne

16.95$

Cours

1- Les besoins du corps, la digestion et l'assimilation.

2- Les céréales, les glucides et les différentes sortes et qualités de pain.

3- Les légumineuses.

4- Les salades et la germination.

5- Les protéines, les pâtes, le tofu, les algues et un menu équilibré.

1 soir/sem. pendant 5 semaines
ou

Atelier de fin de semaine (2 jours)

Colombe Plante

(514) 445-5182
Cours de cuisine végétarienne
4515, Montée St-Hubert
St-Hubert (Québec)
J3Y 1V3

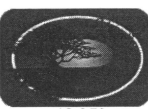

BON DE COMMANDE POSTALE

Tous les prix sont sujets à changements sans préavis.

Livraison 2 semaines

Québec: 3.00 $

Canada: 4.00 $

États-Unis: 5.00 $

Europe et Martinique

	BATEAU	AVION
1 À 10 ITEMS =	15.00$	32.00$
11 À 20 ITEMS =	18.00$	34.00$
21 À 39 ITEMS =	21.00$	45.00$
40 & PLUS =	APPELEZ-NOUS	

FRAIS DE MANUTENTION

PRODUIT	QTÉ	TOTAL
SOUS-TOTAL		
TPS 7%		
MANUTENTION		
TOTAL		

AU QUÉBEC PAIEMENT PAR CHÈQUE OU MANDAT-POSTE À L'ORDRE DE:

l'Art de s'Apprivoiser 172, des Censitaires, Varennes, Qc, Canada J3X 2C5

EUROPE et ÉTATS-UNIS: par carte de crédit:

☐ VISA

☐

NUMÉRO [ ][ ][ ][ ][ ][ ][ ][ ][ ][ ][ ][ ][ ][ ][ ][ ] EXP.: [ ][ ] [ ][ ]

MOIS   ANNÉE

Nom du titulaire: _____

Signature: _____

Adresse: _____ Ville: _____

Tél: résidence ( ) _____ Tél: travail ( ) _____

COMMANDE AVEC CARTE DE CRÉDIT

TÉLÉPHONE 514-929-0296 OU TÉLÉCOPIEUR 514-929-0220